中国省域能源效率及政策研究

史红亮
著

RESEARCH ON PROVINCIAL ENERGY EFFICIENCY AND POLICY IN CHINA

社会科学文献出版社
SOCIAL SCIENCES ACADEMIC PRESS (CHINA)

资助项目

（1）云南省青年拔尖人才专项（YNWR-QNBJ-2019-040）

（2）教育部人文社会科学青年基金项目“基于能源效率差异来源比较的省际最优能效政策研究”（14YJC790096）

（3）云南大学国家社科基金培育项目“云南省战略性新能源产业发展机制与政策研究”

（4）云南大学一流大学建设“碳达峰与碳中和目标下绿色能源发展机制与对策研究”创新团队

（5）云南大学研究生创新人才培养项目（C176230200）

序　言

中国政府在哥本哈根世界气候大会上向全世界承诺“2020年中国单位GDP二氧化碳排放比2005年下降40%~50%”，实现2020年减排目标的关键在于提高能源效率。2016年国务院发布的《“十三五”节能减排综合工作方案》提出，“到2020年，全国万元国内生产总值能耗比2015年下降15%，能源消费总量控制在50亿吨标准煤以内”。随着中国能源资源约束问题凸显、碳排放持续增加和环境压力空前加大，提高能源效率和减少温室气体排放已经上升为国家重大战略。在此背景下，国内外学者从不同角度对能源效率测度及方法的选择进行了大量研究。

能源效率政策是能源政策的基石之一，提高能源效率是治理全球气候变化的主要努力方向之一。对于有望将能源效率作为气候政策重点的中国来说，能源效率政策作用更加凸显。国家应对气候变化战略研究和国际合作中心、国家发改委能源研究所及美国能源创新2016年发布的研究报告《中国气候与能源政策方案》认为，在低碳情景下，中国能源效率政策引致的碳减排量，预计2030年占碳减排总量的51%。节能减排工作具有外部性和公益性的特征，这就要求政府出台更多有利于提高能源效率的工作政策和方针，化解其外部性，激励企业积极地参与节能减排工作。

当前能源效率的测算已经将碳排放因素考虑进来，中国省域全要素能源效率和省域能源消费总量存在明显差异，这种差异是否意味着可以对省域能源效率进行分类管理，进而识别出节能减排的关键省域？中国省域能源效率差异来源是否可以通过能源效率影响因素进行解释？同一能源效率影响因素在不同的省域对全要素能源效率的影响系数是否有差异？各种能源效率影响因素形成的省域综合能源效率系数是否存在显著差异？这种差异是否表明在省际领域促进能源效率的过程中，可实行差异化的能源效率政策？现行的国家和省域能源效率政策调整的因素有哪些？如果多种能源效率影响因素与能源效率存在长期稳定的关系，根据省域能源效率政策调整的能源效率因素，是否可以促进能源效率政策的多元化和能源效率政策工具的多元化？省域能耗强度和产出结构是有差异性的，这种差异性的变化和调整会对中国能源效率产生什么样的影响？能源消费回弹效应的存在可能导致能源效率政策的节能绩效欠佳，省域能源消费回弹效应是否存在？如果某一省域出现较强的回弹效应甚至逆反回弹效应，则会导致技术进步并不能完全解决节能减排难题，这就要求在省级层面，能源政策中不仅包括技术层面的部署，还需要加强税收、监管层面的战略部署。同一能源效率影响因素对能源效率的影响程度是否存在长短期差别？能源效率影响因素在长短期上的这种差别，将影响省域能源效率政策实施的有效性。能源价格的调整除了绝对价格的调整外，也存在不同能源品种相对价格的调整。不同能源品种相对价格的合理变化也可以优化能源消费结构，从而优化节能减排政策的效果。有必要基于系统方程，对能源价格的这种相对调整和省域全要素能源效率进行系统的分析。本书的研究就是基于上述内容进行了系统的量化分析，以寻求省域能源效率的差异化来源，探讨实行有区别的省级能源政策的可能性。

目录 Content

能源效率概念界定与研究方法

第一节　能源效率概念界定

佩特森（Patterson，1996）指出，能源效率这个概念的定义较为宽泛。能源效率概念界定了能源效率测度空间，一般认为能源效率分为经济能源效率和物理能源效率两类。把能源作为原材料，经过加工转换生产出另一种形式的能源，这种能源投入与能源产出之比叫作物理能源效率。物理能源效率指标通常用热效率来表示。联合国欧洲经济委员会将其定义为：在使用能源（开采、加工转换、储运和终端利用）的活动中所得到的起作用的能源量与实际消耗的能源量之比。开采效率用从一定能源储量中开采出来的产量的热值与储量的热值之比来衡量。加工转换效率，是起作用的能源的产量与加工转换时投入的能源量之比。储运效率用能源输送、分配和储存过程中的损失来衡量（一般不包括自身消耗的能源）。终端利用效率，即终端用户得到的有用能与过程开始时输入的能源量之比。能源系统的总效率是开采效率、加工转换效率、储运效率和终端利用效率的乘积。通常所说的"物理能源效率"是指后三个环节的总效率，其中加工转换效率和储运效率属于中间环节效率，中间环节效率与终端利用效率的乘积称为"物理能源效率"。

经济能源效率指的是把能源作为燃料和动力时，能源投入与最终生产成果之比；经济能源效率指标是根据投入能源的市场价值与产出的市场价值来进行测量的。它有国家、地区、行业之分。经济能源效率和物理能源效率的区别在于：前者考察的是能源投入与整个经济系统的产出之比，而后者考察的是能源投入与能源生产系统的产出之比。

从目前对能源效率计算所用指标来看，能源效率的计算又分为单要素能源效率和全要素能源效率：单要素能源效率只把能源要素与产出做比较，而全要素能源效率则考虑各种投入要素的共同作用（王庆一，2003a；史丹，2006；杨红亮、史丹，2008）。

常见的单要素能源效率计算方法为：国民能源投入价值 / 国民产出。这是由美国国会经济委员会于 1981 年提出的，委员会认为该指标同“能源 –GDP”指标相比，更能准确反映能源经济生产效率，并且还可以提供能源价格信息，从而反映出对能源的供需变化。该指标主要可以用能源消耗强度和能源生产率两种常用指标表示，能源消耗强度指标是指增加单位 GDP 的能源需求，指的是一个国家或地区、部门或行业单位产值在一定时间内消耗的能源量，通常以吨（或公斤）油当量（或煤当量）/ 美元（或元）表示。能源生产率是指单位国内生产总值与单位能源消费量的比值，通常以美元（或元）/ 吨油当量（或煤当量）来表示。在计算上，能源消耗强度与能源生产率刚好互为倒数。

全要素能源效率在计算能源的效率时通常采用全（多）要素的计量方法，即考虑所有投入要素（能源、资本、劳动力）与产出之间的关系。可以采用参数法和非参数法来测度全要素能源效率，参数法有随机前沿分析法（Stochastic Frontier Analysis）和确定前沿分析法（Deterministic Frontier Analysis），通常用随机前沿分析法（SFA）来测度能源效率；非参数法主要有数据包络分析法（DEA），这时测度出来的能源效率称为全要素能源效率。

（一）传统单要素能源效率研究文献综述

传统的能源效率研究都是在单要素能源效率的基础上进行的。单要素能源效率即用能源消费与国内生产总值的比值来衡量能源效率，也就是通常所说的能源强度（史丹，2006）。单要素能源效率计算有一个隐含的假定，即产出是由能源作为唯一的投入要素创造的。

目前，学术界分析能源效率变动的成因与之对应的能源效率的概念都为单要素能源效率。卡姆巴拉（Kambara，1992）对中国 1980~1990 年能源效率的分析，黄（Huang，2007）、辛顿和李维（Sinton and Levine，1994）、加尔巴乔等（Garbaccio et al.，1999）、张（Zhang，2003）分别对 1980~1987 年、1980~1990 年、1987~1992 年、1990~1997 年各时间区间中国能源效率变化情况的研究，加尔巴乔等（Garbaccio et al.，1999）对中国煤炭、石油、电力的单品种能源产品效率的研究，都是在单要素能源效率的基础上进行的。在国内，韩智勇等（2004）对中国 1998~2000 年工业能耗强度的变动分析，吴巧生和成金华（2006a）、齐志新和陈文颖（2006）对中国工业部分能耗强度的研究，也都是建立在单要素能源效率分析基础之上，然后用回归模型或者指数分解方法对能源效率的影响因素进行相应的分析。

有些学者又将能源消费结构、产权结构、能源价格、国外直接投资因素补充进来，在区域或国家工业层面研究这些因素对能源效率的影响，而与之对应的能源效率的概念仍然为单要素能源效率。张瑞和丁日佳（2006）分析了煤炭、石油、天然气消费比重与能源效率协整关系；韩等（Han et al.，2007）分析了中国在 1985~2004 年能源价格变化对总能源效率和煤、石油、电力这三类能源利用效率的影响；范等（Fan et al.，2007）研究了 1992 年之后以市场为导向的经济改革对能源效率改进的影响；刘畅和崔艳红（2008）分析了能源价格、工业结构、产业结构、能源消费结构、科技开发投入水平对能源效率的影响；沈能（2010）对能源效率同政府干预、产业结构、产权结构、能源消费结构关系进行了研究；刁心柯和唐安宝（2012）基于能源价格变动对能源效率影响进行了研究。这些研究也都是建立在单要素能源效率的基础之上。

单要素能源效率（能耗强度）只是衡量了能源投入与产出之间的比例关系，其作为测度能源效率的指标存在很大的限制（Hu and Wang，2006）。其能源效率测度单位会随着所选取的具体变量的单位而发生变化，度量单位可能是实物计量指标，也可能是货币计量指标。单要素能源效率指标的最大弊端表现在：它没有考虑到在具体生产过程中其他投入生产要素对能源投入要素的影响，因此无法度量能源投入的潜在技术效率；而在实际生产中，其他各种生产投入要素或者不同能源品种要素之间的相互替代都会影响生产效率的大小，因此该指标难以刻画出“效率”的内涵。能源本身并不会带来任何产出，必须结合其他重要相关要素，如资本、劳动力等。忽略了其他生产要素的贡献，在不同的研究层面会导致对能源效率的系统性高估或者低估。

（二）全要素能源效率研究文献综述

传统的单要素能源效率虽然计算简单，却忽略了其他相关要素的替代作用。实际上，全要素能源效率能更好地反映客观实际，能源效率的提高也依赖于全要素生产率的改善（Boyd and Pang，2000；Hu and Wang，2006）。因此，Hu 和 Wang（2006）基于数据包络分析法较早提出全要素能源效率（Total Factor Energy Efficiency，TFEE）的概念，并将其定义为在考虑其他要素投入的前提下，按照最佳生产实践，一定的产出所需的最少能源投入量与实际投入量的比值。

全要素能源效率的研究是建立在 DEA 方法的基础之上，依靠线性规划技术锁定最优的决策单元（DMUs），然后系统地测度和比较各决策单元能源投入的效率。传统的 DEA 方法以及在 DEA 基本方法基础上扩展成型的非参数 DEA-Malmquist 指数，在经济领域多用来测试技术效率或者全要素生产率。沈能（2006）、李小平和朱钟棣（2005）对中国制造业全要素生产率的研究；徐二明和高怀（2004）从企业角度评价中国钢铁业的生产效率的研究；刘彦平和刘玉海（2008）使用 Malmquist 生产力指数对中国钢铁业全要素生产率的分析；魏楚和沈满洪（2008）基于浙江省 2004 年普查数据中 167 个工业行业的截面数据，利用 DEA 非参数方法测算了各行业技术效率；杨桂元和王莉莉（2008）对中国 29 个省（区、市）的制造业在 1999~2005 年的全要素生产率的变化进行了测算。这些都是在 DEA 方法的基础上对生产率进行的相关研究。

最近几年出现的研究文献才更多涉及基于 DEA 方法的全要素能源效率的分析。全要素能源效率的计算包含除能源要素投入以外的其他要素（资本和劳动力）对能源效率的影响，能源投入的目标就是在考虑劳动力、资本要素影响后，最佳实践的能源投入最低水平。Hu 和 Wang

（2006）采用规模报酬不变的 DEA 模型，估算了 1995~2002 年中国省际潜在能源投入量，并将潜在能源投入与实际能源投入的比值界定为全要素能源效率，发现东部地区能源效率最高而中部地区最低。这篇文章是目前文献中使用全要素方法分析中国能源效率问题的探索之作，文章中定义了一个新的全要素能源效率指标。徐国泉和刘则渊（2007）、魏楚和沈满洪（2007a）分别利用 1998~2005 年、1995~2004 年的面板数据对中国各省（区、市）的全要素能源效率进行了测算，都认为中国的全要素能源效率按东北、东部、中部和西部地区逐级递减。慕克吉（Mukherjee，2008）在假定能源与其他投入要素分别呈替代和互补关系的基础上，使用四种 DEA 模型考察了 1970~2001 年美国制造业中六个高耗能部门的能源效率，研究发现，造纸业能源利用最具效率，而冶金部门的能源效率水平最低。刘玮和童光荣（2010）据中国 36 个工业行业的要素投入、工业产出面板数据，使用 1998~2007 年数据测算了各行业全要素能源效率。高大伟和周德群（2010）使用制造业 27 个行业，对中国 1998~2006 年的全要素能源效率进行了测算。王维国和范丹（2012）基于 Malmqulist-Luenberger 指数法对中国区域全要素能源效率收敛性及影响因素进行了分析。岳良文等（2014）基于 DEA 方法和生态效率评价法，并基于中国 1953~2012 年的数据，探讨了一种绿色增长视角下的全要素能源效率评价方法。蒋伟等（2015）、李强和魏巍（2015）分别利用 2002~2012 年、1993~2011 年中国 29 个省（区、市）的面板数据，采用投入导向的 DEA 模型，对中国碳排放约束下的全要素能源效率进行了研究，发现中国不同地区的能源效率存在较大差异且经济增长与能源效率存在 U 形关系。杨红亮和史丹（2008）使用中国 2005 年数据，应用单要素能源效率和全要素能源效率计算方法结果的对比，强调了全要素能源效率指标在计算能源效率方面的优越性。

第二节 能源效率研究方法

计算能源效率所用的方法主要有两类：数学模型分析方法与指标体

系方法。从数学模型的发展顺序来看，有 Cobb-Douglas 函数法、Solow 余值法等参数方法，以及后来出现的数据包络分析（DEA）、自由处置包（FDH）等非参数方法。在法雷尔（Farrell，1957）生产前沿面原始模型基础上，参数型前沿生产函数的发展形成了两个分支。一类是在不考虑随机因素影响的前提下，通过采用数学线性规划模型来确定生产函数前沿面的确定型参数方法，如艾格纳和楚（Aigner and Chu，1968）提出的模型，赛特（Seitz，1971）、福松德和詹森（Forsund and Jansen，1977）提出的模型。另一类求解模型是把生产函数的生产前沿面看作随机变动的生产边界，在数学上使用统计学方法求解参数，属于随机性前沿生产函数法。如艾格纳等（Aigner et al.，1977）几乎同时提出的模型，史蒂文森（Stevenson，1980）、格林（Greene，1980）、约德罗等（Jondrow et al.，1982）、李（Lee，1983）在 ALS 模型基础上提出的各种随机前沿模型。

非参数生产前沿分析评价产业技术进步是通过对产业产出增长率的分解来进行的。这种非参数方法与上述参数估计方法存在差异的地方主要表现在对观测数据的处理上。使用参数方法的目标主要是寻求投入与产出的生产函数关系（在假设行业生产函数可微的条件下尤其如此），因而比较容易推导出技术进步率、劳动生产率、要素密集度等概念之间的内在关系。但是，把要素生产率的提高全部归因于技术进步和创新是不全面的，处理方法也过于简单化。在要素生产率提高过程中包含规模收益递增的因素，在规模经济状况不明的情况下，可能会出现过高或者过低地估计技术进步贡献的问题。为了较为精确地掌握经济增长中各个因素的贡献，有必要对要素生产率的提高做进一步的分解，分清技术进步与规模经济等其他影响因素的作用。目前在能源效率测算领域最常用的具体指数是 Malmquist 生产力指数，Malmquist 生产力指数是基于 DEA 方法构建了一个能够反映内在技术效率变化的能源效率指数，利用 DEA 的非参数 Malmquist 指数法可将全要素生产率分解为技术进步、纯技术效率和规模效率三个部分，于是与此相对应的指数分解方法随之产生。

在能源效率测算领域，最基本的两种指标体系分解方法是拉氏因素分解法（Laspeyres Decomposition）和迪氏因素分解法（Divisia Decomposition）。拉氏因素分解和迪氏因素分解法对能源强度进行分解，一般是把能源强度变化分解为部门能源强度变化和经济结构变化两个方面。下面从四个方面对数学模型分析方法与指标体系方法的具体应用进行论述。

（一）投入产出分析方法

胡（Hu，1998）运用投入产出分析方法分析了1987~1997年产业结构与技术变化对中国能源消耗强度的影响。加尔巴乔等（Garbaccio et al.，1999）运用投入产出分析方法研究了1978~1995年中国单位产出能源消费量下降的原因，其研究把这种消费效率的改进分解成技术变化、进出口总量和成分变化等各种结构变化。董惠君和白涛（2008）基于投入产出分析方法和目标规划法，构建了一个中国的能源消费目标规划效率模型。张珍花和戴丽亚（2012）基于投入产出分析方法，使用2001~2007年的数据，对中国产业能源消耗效率变化进行了实证研究。

（二）DEA数据包络分析和Malmquist指数分解方法

徐国泉和刘则渊（2007）采用中国30个省（区、市）的面板数据，利用DEA方法分析比较了1998~2005年中国八大经济区的全要素能源效率。魏楚和沈满洪（2007a）运用DEA（Data Envelopment Analysis）方法构建起一个相对前沿的能源技术效率指标，并利用中国省级层面1995~2004年的数据计算了各省（区、市）能源效率，并同根据能源生产率指标的计算结果进行比较。结果表明，全国能源效率最高的省（区、市）既包括经济发达地区（如上海），也包括经济欠发达地区（如云南），而能源使用效率最低的省（区、市）属于中度发达地区（如山西、贵州、河北等）。从能源使用效率的变化特征看，大多数省（区、市）能源效率表现出先上升后下降的特征，转折点一般出现在1999~2002年。1999年以后，省域能源效率差距逐渐扩大，不具有趋同性。师博和沈坤荣（2008）将知识存量纳入生产函数，运用规模报酬不变的超效率DEA模型测算中国省际全要素能源效率，并基于市场分割的视角检验省际全要素能源效率的影响因素，研究表明，能源禀赋相对充裕的地区全要素能源效率较低，其深层次的原因在于市场分割扭曲了资源配置，阻碍了地区工业规模经济的形成，从而造成全要素能源效率的损失。李世祥和成金华（2008）基于生产理论框架的非参数方法，应用基于技术效率、能源投入最小化、成本最小化、产能利用率调整等几个能源效率评价模型，从省级、工业行业面板数据的角度评价了中国的能源效率，并利用“两步法”对中国1990~2006年省际能源效率的影响因素进行了计量检验。杨红亮和史丹（2008）使用一种单要素方法和三种全要素方法对以2005年数据为基础的中国各地区能源效率进行了比较，结果表明，全要素方法在揭示一个地区要素禀赋结构对其能源效率的影响方面有着传统的单要素方法替代不了的优势。魏玮和宋一弘（2012）基于三阶段DEA-Malmquist指数，使用1990~2009年的面板数据，对中国七大经济区全要素能源效率进行了实证分析。

（三）要素分解方法

在能源效率测算领域，对能源强度进行分解一般是把能源强度变化分解为部门能源强度变化（由技术进步引起）和经济结构变化两个方面。最基本的两种形式是拉氏因素分解法（Laspeyres Decomposition）和迪氏因素分解法（Divisia Decomposition）。吴巧生和成金华（2006b）运用Laspeyres指数及其分解模型，对中国能源消耗强度进行分解，并对其影响因素进行了研究。研究结果表明，1980年以来，中国能源使用强度大幅下降，但与世界经济实力较强的国家相比，能源使用效率仍然有很大的提升空间。中国能源使用效率提升的原因主要是各产业能源使用效率提高，于效率份额而言，结构份额的调整对能源使用效率的影响小了很多，除了少数年份外，行业产业结构的相对调整对提高能源使用效率的作用是负面的。齐志新和陈文颖（2006）对能源效率提高的原因到底来自结构调整还是技术进步进行了因素分析。研究结果显示：各行业生产技术进步始终是能源使用效率提高的决定性因素，而行业结构的相对调整对能源效率的影响很小；从时间跨度来看，能源效率持续提升，提升的速度从1999年开始变慢，但在2002年又开始变快；能源效率呈现上述变化趋势基本上是由技术进步因素决定的，而结构调整因素除了在 1980~1985 年促进了能源效率的提高，在其他时间段对能源效率的提高表现出负效应，但是从总体上看，其对能源效率的负影响都较小，几乎可以忽略不计。所以从对能源效率变动的影响来看，1978 年以来，中国在宏观层面的产业结构变动对能源效率变化的影响很小；从各具体行业分解的结果来看，1980 年至今，工业行业部门对能源效率的提高起到决定性作用，而其他各行业部门的影响一直都比较小，因而对工业行业内部各部门能源效率影响因素进行分解非常必要；工业部门能源效率变化的主要决定因素也为技术进步，工业行业内部各部门之间产值结构调整对能源效率的影响很小。齐志新等（2007）应用因素分解法，计算了 1993~2005 年工业产业部门轻重工业结构变化对能源消耗总量和能源效率的影响，结果表明，工业内部重工业结构比重每提高 1 个百分点，能源消费总量就会增加 0.1 亿吨标准煤；从总体上看，工业部门内部轻重工业比例结构的变化，对工业能源效率和单位 GDP 能耗强度的影响力要小于部门强度因素，但近几年，重工业比重的增加对工业能源强度的影响很大，2003 年工业能源强度反常上升，78% 可以归因于这一因素。姚愉芳等（2007）运用因素分解法表明，中国在 1995~2005 年总能源强度下降，结构节能贡献在 60% 以上；2002 年以后总能源强度呈上升趋势，这时的结构变化推动能源强度上升。彭源贤和张光明（2007）运用因素分解法分析了 1995~2003 年产业结构调整和各部门能源使用效率因素对总体能源消耗强度降低的贡献率，并对两种因素的贡献度进行对比分析。结果表明，1995 年以来中国能源使用强度的降低主要来源于各个产业部门真实能源使用效率的提高。

（四）协整和 VECM 计量分析方法

林伯强（2003）应用协整分析和向量自回归模型深入分析中国能源使用效率的主要决定因素。实证分析结论显示：其一，能源使用价格和部门经济增长率是能源消费总量的主要决定性变量，用来反映产业部门结构调整的国内生产总值中的重工业比重，也是能源需求量的一个显著决定因素；其二，能源消费总量、国内生产总值、用能价格及产业结构变化四大变量之间存在长期协整关系；其三，与其他国家相比，中国能源需求的收入弹性较小，而价格弹性较大。吴巧生等（2005）对比分析了中国与美国能源消费量与经济增长率之间的长期均衡关系，使用中国非农产业就业劳动力比重来测定中国工业化水平与能源使用效率之间的协整关系。结果显示，中国非农产业就业劳动力比重每下降1%，能源密度对应下降比率为0.33%，非农产业就业劳动力比重的提高从长期来看是有利于降低中国能源使用强度。中国人均能源消费量将随着中国社会人均可支配收入的提高而增加，这与中国较低的人文社会发展水平相联系，但随着中国工业化、市场化进程的加速，能源效率提高，从而能以较低的能源消费总量实现较快的经济增长率。张瑞和丁日佳（2006）通过1978~2004年的数据对能源效率与煤炭、石油、天然气和水电消费比重进行协整分析表明，除水电消费比重外，煤炭、石油、天然气消费比重都与能源使用效率存在长期的均衡关系。煤炭消费比重与能源强度存在正向协整关系，煤炭消费比重越小，能源强度越低；天然气与石油消费比重与能源强度存在反向协整关系，天然气消费比重与能源强度的反向关系更为显著。技术进步与能源强度存在反向关系，技术进步促进了能源强度的降低。王少平和杨继生（2006）以中国工业12个主要行业为横截单元，以各行业1985~2002年的时序数据组成面板数据，建立中国工业能源消费的协整模型，通过面板单位根检验和面板协整检验，通过最小二乘法估算，分析了中国工业部门各主要行业的能源消费总量与行业增长的长期均衡关系，并基于向量自回归模型分析了短期内二者之间的动态调整。结果显示，中国工业部门各主要行业的能源消费总量与行业增长、能源使用效率之间存在长期协整关系，且长期均衡具有显著的短期调整效应。郭晔（2007）采用中国和印度1965~2004年的数据，运用VAR模型、Johansen协整检验和向量误差修正模型（VECM）等方法，对两国的能源效率、技术进步与经济增长率的短期动态关系和长期均衡关系进行了对比分析。结果表明，在长期协整关系中，加入技术进步因素的能源效率与经济增长的弹性关系，中国表现为负，而在印度表现为正；技术进步对经济增长的贡献度，中国低于印度。在短期动态关系中，能源与技术进步的短期调整对中国的经济增长产生了较大影响；而固定资产投资的短期调整对印度的经济增长产生了较大影响。周建（2007）利用1978~2005年的样本数据，通过状态空间模型研究了改革开放以来能源需求、经济增长、效率改进等之间的动态相关性，在此基础上使用误差修正模型、脉冲响应函数、方差分解模型等对能源效率及其影响因素之间的作用机制进行了系统分析，研究表明：改革开放以来，能源需求、经济增长、产业结构调整、效率改进等存在长期稳定的均衡关系，能源需求的短期波动除了受到相关因素的直接影响外，制度变迁等不可观测变量对能源消费的模式及其变动有着巨大的推动作用；在对中国能源需求产生影响的众多变量中，中国经济增长方式由粗放式向集约式的调整，中国工业产业结构的调整，特别是轻重工业比重在国民经济结构的进一步相对调整，对中国能源需求总量的变动具有决定性作用；而部门用能价格对中国能源需求总量的调整作用尚不显著。周建（2007）通过Granger因果关系证明经济增长是能源消费的原因，而能源消费不是经济增长的原因；通过能源与经济之间的动态相关系数证明，改革开放以来，总体来看，中国经济发展是能源消费变化的原因，而中国能源消费的变化并不是经济持续快速增长的重要原因，能源消费总量的变动与经济增长的速度无直接联系，中国能源领域宏观调控政策的着力点应在于提高各部门终端能源的使用效率，尽最大可能降低单位产值能源消耗强度，使之维持在合理范围内，逐步形成能源消费量和经济增长之间的长期稳定的协整机制。小样本因果关系证明，从增长率的角度来讲，经济增速是能源消费增速变化的重要原因，但能源消费增速的变化并没有引起经济增速的显著变化，因此经济增长与能源消费之间存在单向的因果关系。杨冕等（2011）采用基于VEC模型的广义脉冲响应函数，着重分析能源相对价格、产业结构、能源结构、科技进步等因素对中国能源效率的影响机制。

第二章

能源效率影响因素分析

第一节　能源效率与经济增长

当前，宏观经济学的一个热门话题是如何确定能源强度与国家经济增长率的最佳关系。在经济均衡增长条件下，在给定技术水平条件下的能源强度对应最优的经济增长率。目前在这一课题下的能源强度的定义，一般指国民经济系统中能源消费总量和国内生产总值之比。一个国家能源强度并非越低越好，因为能源强度的高低与一个国家的产业结构有密切关系。相关数据统计显示：能源密集型产业占比较小、重工业占比较小的国家相比于能源密集型产业和重工业占比较大的国家，能源消耗强度较低，但没有能源密集型产业的经济系统不可能顺利运行，能源消耗强度是社会经济结构的函数。研究结果显示：在一些经济合作与发展组织（OECD）国家，例如美国和欧盟的能源消耗强度在1960~1996年呈现持续下降的趋势，能源消耗强度和经济发展程度呈现倒U形关系（环境库兹涅茨曲线，EKC）。在传统概念里，倒U形过程存在三个原因：第一，产业经济结构的变化；第二，能源使用效率的提高；第三，生活消费方式的变化。穆恩和松（Moon and Sonn，1996）使用内生经济增长模型，强调支持潜在经济增长的能源需求以及能源需求对能源强度的影响。杨宏林等（2004）建立了能源约束下的新古典经济增长模型与卢卡斯内生经济增长模型，讨论了保证能源可持续利用与经济可持续发展的条件。郑照宁和赵德顺（2004）将能源作为除资本和劳动之外的第三种投入要素，建立超越对数生产函数模型并用岭回归方法估计了模型的参数，发现中国的投入产出呈规模递增效应但逐年减弱。昂荷和蒙代尔（Unurh and Moomaw，1998）认为大多数发达国家的能源强度和经济增长符合 EKC 过程。齐绍洲和罗威（2007）假设中西部地区的能源效率是其与东部发达地区平均收入水平之差的函数，据此分析了中国处于不同经济发展阶段的东部与中西部区域的经济增长与能源使用效率之间的关系，发现中国东部地区的高速经济增长是靠高能源投入来实现的。魏（Wei，2007）在柯布 – 道格拉斯生产函数形式的基础上，研究了能源使用效率对能源消费总量和经济增长的动态影响，对已有的关于能源使用效率对产出长期影响作用的低估进行了修正，并在两部门的一般均衡模型框架内分析了能源使用效率与经济增长的关系。周建（2007）利用 1978~2005 年样本通过状态空间模型研究了能源需求、经济增长、效率改进等之间的动态相关性，结果表明，能源需求、经济增长、效率改进等存在长期稳定的均衡关系。张唯实（2010）基于 1995~2007 年中国经济增长、能源消费总量等年度统计数据，分析比较了全国及三大区域的全要素能源效率，在此基础上利用时间序列模型对其相互影响进行了计量分析，结果表明，中国的能源和经济增长存在双向因果和长期协整关系。缪仁余（2011）利用 2000~2009 年 29 个省（区、市）的面板数据，对能源效率约束条件下中国区域生产总值与资本、劳动力和能源要素间的非线性关系进行了检验和估计。

第二节　能源效率与技术进步

谢志军和庄辛（1996）认为，对外开放政策使国外先进技术及设备进入了中国，这些先进的技术及设备直接提高了能源效率。加尔巴乔等（Garbaccio et al.，1999）的研究显示，1987~1992 年，除电力消耗强度略有提高，其他四类能源产品消耗强度均明显下降，技术进步对能源消耗强度下降的作用均超过 65%。雅各布森等（Jacobson et al.，2005）认为，对长期能源需求变动进行分析时，一定要考虑相关时期内技术进步和相关国家政策措施对能源消费需求变动的影响，技术进步对能源使用效率的影响是外生性的，在一个更长的能源需求周期内，新技术发明对能源效率的影响要远大于现有技术在区域间的扩散。费希尔－凡登等（Fisher-Vanden et al.，2004）指出，生产企业研发费用的支出和对企业人员的技能培训，可以促进本企业生产和管理领域的创新，对本生产企业能源强度的下降有16.9% 的贡献。克拉克等（Clarke et al.，2006）研究了能源领域中技术进步的来源，认为一个行业内部和外部的 R&D 和干中学的溢出效应在技术进步中发挥了重要作用。

黄（Huang，1993）、辛顿和李维（Sinton and Levine，1994）、加尔巴乔等（Garbaccio et al.，1999）、张（Zhang，2003）分别研究了 1980~1987 年、1980~1990 年、1987~1992 年、1990~1997 年中国能源效率的变化情况，结果都表明子行业能源效率的提高是整体能源利用效率得到改善的重要因素。张宏武（2001）比较了中国和日本两国制造业能源消费效率的变动因素，分析结果表明，1987~1997 年中国制造业整体能源消费效率改善的原因是能源消费原单位的下降，也就是说技术要因起了很大的作用，而日本的能源消费效率改善的主要原因则是构造变化要因。王玉潜（2003）运用能源消耗强度的投入产出和因素分析模型分析了1987~1997 年中国能源消费强度变动的原因，结果表明：10 年间中国能耗消费强度的降低都是技术进步的结果；能源直接消耗技术得到大幅改进，极大地提高了能源利用效率。韩智勇等（2004）提出 1998~2000 年中国能源强度下降的主要动力来自各产业能源利用效率的提高，其中工业能源强度下降是总体能源强度下降的主要原因。周鸿和林凌（2005）认为，1993~2002 年，工业总能耗效率提高主要是由工业中部分行业能耗效率提高推动的。吴巧生和成金华（2006a）、齐志新和陈文颖（2006）的研究则认为，中国能源消耗强度下降主要是各部门能源使用效率提高的结果，其中工业部门的技术改进是影响能源消耗强度的主导因素。李廉水和周勇（2006）运用数据包络分析（DEA）发现，技术效率提高是工业部门能源效率提高的主要原因，科技进步的贡献较低。

可持续发展概念更多地集中在技术进步导致效率提高的重要性上，

效率的提高可以减少资源的使用，特别是用较少的能源生产同样多的产品，从而在提高社会福利的同时，节约资源（Weizsacker et al.，1998）。这个概念有一个前提假设：技术进步导致能源效率每提高 1%，将带来能源使用量同比减少 1%。但实际上技术效率的提高并不必然导致能源使用量的下降，这就是能源经济学家提出的著名的能源回弹效应。

“回弹效应”（Rebound Effect）是能源经济学中的一个著名命题，由技术进步引起的能源消费回弹效应的大小直接关系到能源政策的实施效果。丹尼尔·卡泽文（Khazzoom，1980）首次指出能源使用的回弹效应假说，他认为：能源使用效率提高并不必然导致能源相对需求下降，能源使用效率的提高可能会导致能源要素与其他生产要素的替代，导致能源使用数量的增多，从而导致能源消费的真实减少量与单位产值所消耗的能源并不表现出同比例变化。伦纳德·布鲁克斯（Brookes，1992）也认为：能源使用效率的提高会引致更高的经济增长率，经济增长的加速反过来又使能源消费总量增加。这就是能源领域内著名的 Khazzoom-Brookes 假说，即当真实的能源价格不变时，技术进步引起的能源效率提升会增加而不是减少能源消费。能源回弹效应是亨利·桑德斯（Henry Saunders）在卡泽文和布鲁克斯的研究基础上于 1992 年提出的，亨利·桑德斯通过进一步的研究得出结论：对生产企业而言，能源使用强度降低代表在同一条等产量曲线下，获得等量产出的前提下可以相对减少能源投入量，但能源相对价格的降低也暗示着其他生产投入要素（如资本、劳动力）存在被能源替代的可能性。当能源使用价格相对下降，对应产成品的相对价格也会下降，从而可能引致对企业生产的产品的需求曲线右移，产品需求的增加导致生产企业供给的增加，从而导致更多的能源需求。最终的均衡结果表现为：依靠技术进步导致能源节约的部分被新增加的能源需求抵消了。

目前国内外测算能源使用回弹效应的实证类方法主要包括以下三种。第一种是直接测算计量模型。核心思想是将能源使用效率提高后原计划可以节约的能源消费量与能源使用效率提高后实际节约的能源消费量的差值，作为测试能源使用回弹效应的大小的量化值。第二种是价格弹性模型。思路是假设能源价格和能源产品外的其他要素投入比例不变，能源效率的提高带来能源产品价格的下降，能源回弹效应取决于能源产品的价格需求弹性。第三种是一般均衡模型（CGE）。该模型能够对传统经济理论给出很好的解释，能够将影响能源效率的各种变量因素都纳入考虑范围，同时本模型还兼顾生产要素替代、收入变动和部门结构调整等因素的影响，不仅能估算出直接能源回弹效应和间接能源回弹效应，而且能够实现系统地对整个经济系统的能源回弹效应进行测量；不足之处是计算过于复杂且对数据量的要求较高。

能源使用效率的提高会通过两种方式增加能源消费：其一是使能源相对于其他生产要素而言变得更便宜；其二是使经济快速增长，从而加速能源的使用。能源政策是否会满足既定的目标最终取决于回弹效应（Brookes，1992）。桑德斯（Saunders，2000）认为，能源效率的获得不仅降低了能源的有效成本，更多的是加快了经济增长速度，其他要素（资本和劳动力）的效率提高也会增加能源消费。罗伊（Roy，2000）对印度的 3 个部门由技术效率提高而引起的能源回弹效应进行分析，发现没有相对应的能源价格政策支持，抑制能源回弹效应是不可行的。比罗尔和克普勒（Birol and Keppler，2000）的研究提出，技术进步无疑是降低能源强度、提高能源效率的有效手段，但同时因为刺激经济增长而产生回弹效应，所以，充分利用价格手段调节能源与其他要素的替代性，促使消费者更多地选择其他要素而非能源，才能真正实现能源的节约。宾斯万格（Binswanger，2001）分析了服务的可替代性和收入效应对回弹效应的影响，通过服务的需求价格弹性推断出服务业回弹效应小于 25%。贝克豪特等（Berkhout et al.，2000）根据对荷兰的分析，发现回弹效应跨度从 0 到 30% 不等；他们认为，技术进步确实减少了能源消费，但是由于价格下降，节约的部分在一定程度上被对能源服务的需求抵消了。桑博贾（Semboja，1994）基于 CGE 模型对肯尼亚宏观经济的回弹效应进行了测算。本特恩（Bentzen，2004）采用时间序列数据，应用超越对数成本函数估计了美国制造业部门的回弹效应为 24%。金（Jin，2007）基于价格弹性测算了韩国生活用电的回弹效应，发现其回弹效应的长期值和短期值分别为 30% 和 38%。布伦隆德等（Brännlund et al.，2007）讨论了外生的技术进步对能源消费和碳排放的影响，并证实了回弹效应的存在。

目前国外的实证研究和国内的实证研究都表现出能源回弹效应在一些行业存在强反弹甚至回火效应（能源回弹效应高于1）。能源回弹效应的相关文献表明：技术进步并不必然导致能源消费量的减少；用能价格、能源税等宏观调控策略是降低能源使用量的有效补充手段；"回弹效应"程度大小，可以作为评价促进能源使用技术进步的能源效率调控政策实施效果的指标。国内学者对能源环境方面的回弹效应研究较少。国内关于能源回弹效应的相关研究，只有周勇和林源源（2007）、刘源远和刘凤朝（2008）、王群伟和周德群（2008）在国家层面对中国技术进步引致的能源回弹效应进行了实证性测算。周勇和林源源（2007）首次采用1978~2004年的宏观时间序列数据实证检验了中国能源消费的回弹效应，发现中国宏观经济层面的回弹效应在30%~80%波动。刘源远和刘凤朝（2008）使用的是省际面板数据，在国家层面的基础上又分析了东部、中部、西部地区各自的能源回弹效应。国内关于由技术进步引起的能源消费回弹效应的研究远远不足。能源回弹效应从不同的角度提出将形成不同的定义，本书使用的定义来源于能源经济学家卡泽文（Khazzoom，1987）、布鲁克斯（Brookes，1992）与韦尔（Wirl，1997）提出的精确定义，其含义是通过技术进步提高能源效率而节约能源消费，但技术进步导致设备使用效率的提高和相应产品生产成本的下降，技术进步促进经济的更快增长，从而对能源产生新的需求，最终导致因效率提高所节约的能源被因经济快速增长所带来的额外能源消耗抵消（部分）。詹国华和陈治理（2013）利用2005~2009年省际面板数据研究了R&D投入、人力资本和专利授权数对能源效率的影响。肖序和万红艳（2012）基于CES函数研究了技术进步对中国电解铝能源消费回弹效应的影响。

第三节 能源效率与结构调整

能源消费从生产率较低的行业向生产率较高的行业的转移过程，就是产业结构的调整过程，这一过程又称结构效率。卡姆巴拉（Kambara，

1992）认为行业产业结构的调整引致的结构效率对中国 1980~1990 年能源使用效率的提高起到了 50% 以上的效果，能耗密集型行业向资本密集型、劳动密集型行业转变的产业结构调整，促进了能源使用效率的提高。斯米尔（Smil，1998）指出重工业向轻工业转变是中国能源效率提高的主要原因。中国自 2001 年后单位产值能耗的上升也是由重工业比重的再次迅速上升所致（何建坤、张希良，2006）。詹和卡特尔（Jenne and Cattell，1983）、法拉等（Farla et al.，1998）分别对英国、荷兰能源效率与经济结构的关系进行了相关研究。史丹（2002）、韩智勇等（2004）、何建坤和张希良（2006）、张瑞和丁日佳（2006）也认为产业结构对能源强度的降低有积极的作用。张宗成和周猛（2004）的研究显示，1995~2000 年产业结构是中国能源消费弹性低的主要原因，结构因素对能源消费弹性的影响主要表现在两个方面：第二产业能耗比重下降，第一、第三产业能耗比重上升。韩智勇等（2004）的研究结果显示：1986 年之后的大部分年份（除 1989 年）中结构因素则是提高了能源强度，1980~2000 年结构因素的累计份额为 –1.76%，其中第二产业效率提高贡献最为突出。周鸿和林凌（2005）对 1993~2002 年中国工业能耗变动因素的分析认为，中国能源利用效率虽然在 1993 年以后有一定的提高，但能源使用的产业结构并没有得到调整和优化。廖等（Liao et al.，2007）对 1997~2006 年中国能源消费强度的研究认为：能耗密集型工业的大规模投资所引致的工业产业结构向重工业比重增加的方向倾斜，是能源使用效率降低的主要原因。白泉（2006）研究了发达国家单位 GDP 能耗变化的历史，并结合国际经验对中国问题进行了分析，研究结果显示：发达国家单位 GDP 能耗从上升转为下降的拐点处于第二产业比重较大的时期，其直接原因是本国工业向高端升级。杨琴和袁永科（2012）基于北京市 24 个工业部门能源强度的分析，认为产业结构调整是有效降低工业能源强度的影响因素。

第四节　能源效率与能源价格

能源价格是能源消耗强度的重要决定因素。根据成本最小化原则，用能价格的提高会导致能源相对于其他生产要素变得昂贵，会促使企业用资本、劳动力等生产要素来实现其对能源的替代，降低能源消费量，降低能源使用的生产成本，这就是用能价格提高所导致的生产要素替代效应。另外，用能价格的上升也会产生用能技术进步效应。这个概念意味着各种生产要素相对价格的变化会导致非中性的技术进步，刺激对应生产要素使用技术的进步，从而使相对昂贵的生产要素消费变得更经济化。当经济系统中能源使用价格相对于其他生产要素的价格较高时，将促使节能技术创新，从而提高能源利用效率。比罗尔和克普勒（Birol and Keppler，2000）运用经济学相关理论发现，相对能源价格与技术进步是影响能源强度的两个主要变量。通过积极手段提高能源价格或引进新技术可以提高单位能源的生产力。科尼利和范克豪泽（Cornillie and Fankhauser，2004）对欧洲中东部以及苏联等国家相关数据的比较研究发现，能源价格是提高能源效率的最主要的驱动力，进而为比罗尔和克普勒的理论分析提供了实证支持。考夫曼（Kaufmann，2004）通过建立美国 1929~1999 年的能源强度模型，具体研究了美国的能源消耗强度与燃料组合、家庭能源消费支出和能源价格之间的关系。格林宁等（Greening et al.，2000）研究了在 10 个 OECD 国家中私有化、企业重组和能源价格等对能源强度的影响。研究结果发现，燃料价格的上升、政府政策的实施（例如强制的燃料效率标准和车辆购买税）都有助于运输部门能源强度的下降。阿德耶米和亨特（Adeyemi and Hunt，2007）利用 1962~2003 年 15 个 OECD 国家的面板数据，实证分析了价格对能源效率改进的非对称效应。范等（Fan et al.，2007）研究了 1992 年之后以市场为导向的经济改革对能源效率改进的影响，发现市场化程度的加深对 1993 年之后的能源效率改进有着显著的影响。费希尔 - 凡登等（Fisher-Vanden et al.，2004）从企业层面，使用中国几千家大中型工业生产企业 1997~1999 年的面板数据进行实证分析，其结论认为：企业用能价格相对于其他生产要素的变化和企业自身的生产技术进步是提高能源使用效率的关键因素，这一贡献的比例达 54.14%。韩和屠（Hang and Tu，2007）分析了中国在 1985 年和 2004 年之间对能源价格管制取消后，用能价格相对变化对总能源使用效率和各具体能源消费品种（煤、石油、电力）使用效率的影响，实证结果得出：在1995年前后，各具体能源消费品种较高的用能价格会导致总能源使用效率的提高，但1995年之后用能价格的相对提高对能源使用效率的影响已经低于收入增长效应和人口效应对能源使用效率的影响。

国内系统性研究能源价格对能源效率影响的文献稀缺。刘畅等（2009）使用中国1978~2007年数据的分析结果认为：能源价格对降低能耗强度的贡献程度高于产业结构及能源消费结构的贡献程度，能源价格对能耗强度的影响效果具有长期性。成金华和李世祥（2010）利用1990~2006年省际面板数据分析的结果认为：在市场经济条件下，能源价格是提高能源效率的长期而稳定的激励机制。李治和李国平（2010）以中国1995~2006年210个地级及以上城市为样本，研究表明，资源禀赋、产业结构、平均气温、能源价格是影响城市能源效率分布的主要原因。谭忠富和张金良（2010）利用1978~2006年中国样本数据，通过脉冲响应函数分析各因素短期内对能源效率的贡献度，认为能源价格对能源效率的贡献最大，然后是经济结构、能源消费结构和技术进步。目前，关于能源价格如何影响能源效率的研究文献，都是将能源价格作为影响能源效率的一个因子，同技术进步、产权结构、对外贸易等其他能源效率影响因子一起放入模型中进行考察。刁心柯和唐安宝（2012）利用1980~2009年的数据，实证分析了电力价格、煤炭价格、石油价格与能源效率之间的关系。

各个产业生产要素禀赋和生产结构的差异，导致了各个行业生产的异质性，这样会导致用不同行业的总量数据进行能源效率和能源价格的关系研究会出现系统性误差。

第五节 能源效率影响因素文献小结

总结近年来国内外关于中国能源效率提高的因素识别与度量研究可以发现，大部分研究都认为研发投入、经济结构调整、能源价格、政府管制以及能源消费结构等因素会对能源效率产生显著的影响，对能源内部各种能源投入要素的产出弹性、替代弹性以及相对技术进步差异、由技术进步引起的能源回弹效应对能源效率的影响研究较少。

目前，也有一些学者认为产业结构调整对能源使用效率的正向促进作用正在消失（史丹，2006），一些时期的结构调整甚至对能源效率提高产生了负向影响（王玉潜，2003），生产技术进步和持续创新使在技术层面提高能源使用效率成为可能（Fisher-Vanden et al.，2004；李廉水、周勇，2006），但技术进步导致能源使用回弹效应的存在，使技术进步最终对能源使用量的具体影响难以做出明确界定（Khazzoom，1980）。还有一些学者认为能源使用效率的改进必然依赖于生产函数全要素生产率的提高，这意味着要通过调整其他生产要素的投入比例来改善能源使用效率（Boyd and Pang，2000）。

总体研究结果显示，持技术进步为主要因素的观点较多，因素分解法是国内外学者研究能源效率的主要工具。

在目前大多数研究能源生产要素和其他生产要素相互替代的分析中，能源投入被认为是一种要素投入，一般假设中性的技术进步，具体生产函数形式可设置为柯布－道格拉斯生产函数和常替代弹性生产函数。在实际的经济运行系统中，各种要素投入对经济系统的产出影响，不只与该投入生产要素的变动相关联，还与其他生产要素投入的比例有关；同时各种生产要素投入的技术进步速度一般是不同步的，采用中性技术进步的柯布－道格拉斯生产函数和常替代弹性生产函数不见得能完全反映投入生产要素间的相互联系，以及非技术进步与投入生产要素之间的相互作用。

目前，国际上已经开始使用超越对数生产函数模型研究能源与其他生产要素之间的替代作用。超越对数生产函数模型是一种包容性很强的可变弹性生产函数模型，模型系数估计相对容易。该模型在结构上属于平方反应面（Quadratic Response Surface）模型，可以较好地研究生产函数中各种要素投入的相互联系、各种要素投入技术进步的非同步性及技术进步随时间的变化等。

除了主流的经济增长、产业结构调整、技术进步、能源价格与能源替代如何影响能源效率的研究文献外，目前有些学者又将区域资源禀赋、区间能源输入输出结构、市场化水平、跨区贸易结构、FDI 投资扩展纳入能源效率影响因素的研究范畴，并引入空间计量经济学模型方法，在产业或者省级层面研究这些因素对能源效率的影响，总体结论认为区域能源资源禀赋、市场化水平、FDI 投资、跨区贸易结构可以影响能源效率（Zheng et al.，2011；Elliott et al.，2013）。

国内外能源政策比较

第一节　中国国家能源政策

单从经济意义上看，能源政策并不具备吸引相关经济主体的经济因素。此外，节能减排相关产品和技术设备的生产成本太高，在市场上也不具备价格优势，节能工作的开展具有明显的动力缺乏性特征，仅靠市场机制无法解决，这决定了行为主体开展节能工作需要依靠政府的节能政策来驱动。节能减排政策是一个体系，单一地、过量地强调使用任何一种政策都可能对节能减排的有效推动不利。因此，在节能压力逐渐增大的情况下，中国政府在推动节能减排的过程中，必须制定一系列节能减排政策，以实现既定的节能减排目标。

一　国家层面能源政策

能源效率的提高除了依靠市场经济行为中技术进步和经济结构的转变，还需要相应的政策来推进。各工业化国家和发展中国家纷纷制定适合本国的能源政策，近 20 年来中国的能源政策主要体现在六个方面：第一，能源开发投资政策；第二，能源工业政策；第三，能源技术政策；第四，能源价格、税收、信贷政策；第五，能源消费政策；第六，新能源政策。

从法律法规网数据库中收集了 2000~2017 年中央及各部委颁布的所有与节能减排相关的政策，包括全国人大及其常务委员会颁布的法律，国务院颁布的暂行条例和规定、方案、决定、意见、办法、标准，各部委颁布的条例、规定、决定、意见、办法、方案、指南、暂行规定、细则、条件、标准。涉及部门包含全国人大、国务院、环保部、国家发改委、财政部、交通运输部、工信部、住房和城乡建设部、科技部、监察部、农业部、国家林业局、国家税务总局、中国银监会、国家电监会、国家工商行政管理总局等20多个机构，从能源政策涉及的能源效率影响因素来看，能源政策调整的因素主要有以下几个方面。

（一）能源结构因素

从立法、财政税收、金融、人事、价格和费用等方面优先支持开发新能源和新能源产品、制定支持新能源发展的方案；优化能源消费结构、推广可再生能源建筑应用，制定可再生能源建筑应用、发展新能源汽车、开发新能源、余热余压和煤矿瓦斯综合利用的实施方案或措施；制定管理上述政策的管理办法等。

（二）产业结构因素

从立法、财政税收、金融、人事、价格和费用等方面支持企业清洁生产、优化产业结构、实施兼并重组和淘汰落后产能、实行资源综合利用、发展循环经济、促进或遏制某行业发展等；制定行业或产品的强制性准入条件、门槛、标准；强制要求实施政府采购、制定产品推广目录；制定约束性的资源综合利用目标等。

制定节能减排产品政府采购清单、产品推广目录或推广方案；制定发展或遏制某行业及优化产业结构、发展绿色经济、实行资源综合利用、兼并重组的具体实施方案或办法；制定推动产业升级的财政、金融、税收、价格的支持办法；制定上述政策的管理办法等。强制要求淘汰高耗能落后设备或进行更新改造；制定明确的能耗限制强制执行目标和供热计量改造目标；制定明确的约束性能耗降低额度；为提高能源效率制定强制执行办法等。

“十一五”期间，中国抓住了工业、交通、建筑这三大高耗能领域，并将其作为节能减排重点，尤其是在冶金、建材、石化、电力等工业领域，节能减排成效显著。“十二五”期间，中国节能减排的主要领域限定在以“钢铁、有色金属、建材、石化、化工和电力”为代表的工业领域。“十三五”期间，随着节能减排政策的不断推进，节能服务市场在保持以工业节能领域为主体的同时，将在建筑节能、交通节能等领域，尤其是在公共机构节能改造项目方面长足发展，节能服务市场不断在横向上拓展。

（三）技术因素

大力推动节能减排技术改造，从立法、财政税收、金融、人事等方面优先支持节能减排技术研发和推广、节能减排技术改造、国外先进技术引进；在项目规划、设计和环境影响评价中强制要求采用某些技术；制定节能减排技术强制实施标准或制定节能技术国家标准；从立法上要求对先进的节能减排技术进行奖励，大力推动技术转化；为推动节能减排技术改造而专门制定强制执行办法等。

从财政税收、金融或人事等方面优先支持节能减排技术改造，并制定支持办法；给出实施节能减排技术研发和推广、节能减排技术改造、节能环保设计和规划等的具体方案或措施；制定引进先进技术、推动节能减排技术改造或促进成果转化的办法；制定先进技术的奖励办法；制定推动节能减排技术改造的指导性标准、目录或方案；制定管理上述政策的管理办法等。国家发改委于2014~2017年四批次推出国家重点推广的节能低碳技术，涉及煤炭、电力、钢铁、有色金属、石油化工、建材、机械、轻工、纺织、建筑、交通、通信等众多工业行业，积极推动技术节能减排。

二　国家层面能源政策工具

政策工具是为实现政策目标所采取的方法，能源政策手段主要包括财政金融、行政管理、制度约束等方面。国内外能源政策手段的研究较为丰富，从分类到调节机制均有涉及。庞军（2008）认为国内外能源政策包括市场手段和行政手段两大类，市场手段主要是通过价格调控来实现节能减排的目标，行政手段主要是通过颁布各类行政规章和标准来实现政府对节能减排的引导。张坤民和温宗国（2000）认为，中国能源政策的手段实现了从行政命令到以法律、经济手段为主的演变，并将中国目前能源政策分为命令—控制手段、市场经济手段、自愿行动、公众参与四大类，拓展了节能减排政策手段的分类。倪红日（2005）对中国涉及能源效率的税收政策进行了深入的研究，指出中国促进节能减排的税收政策不健全的原因，提出运用消费税或者开征燃油税等具体措施，逐步建立起符合中国国情的促进节能减排的税收政策体系，使其成为控制中国能源消耗和污染排放的有效手段。

总体来说，中国的能源政策工具可以归纳为一般性政策工具、特殊性政策工具、间接性引导工具三种（见表 3–1）。

表 3–1　国家层面能源政策工具

<table>
<tr><td rowspan="9">一般性政策工具</td><td rowspan="4">财税政策</td><td rowspan="2">税收</td><td>征收：排污税、环境税、能源税、资源税</td></tr>
<tr><td>减免：绿色技术研发、绿色设备及产品</td></tr>
<tr><td rowspan="2">财政</td><td>政府绿色采购、绿色转移支付、绿色补贴</td></tr>
<tr><td>绿色基础设施投资、“三废”处理</td></tr>
<tr><td rowspan="3">金融政策</td><td>信贷</td><td>对绿色研发、项目、设施、生产优惠贷款的扶持，对排污、耗能的限制与惩罚性高利率</td></tr>
<tr><td>证券</td><td>股票、债券：符合节能减排要求的企业可发行证券或再融资，否则禁入或退出证券市场</td></tr>
<tr><td>基金</td><td>资助：节能减排项目、技术、产品、人员</td></tr>
<tr><td>价格政策</td><td>价格调控</td><td>居民水电气“阶梯价”，高污染、高能耗行业“差别电价”，排污权价格，清洁能源上网价格</td></tr>
<tr><td colspan="2"></td><td></td></tr>
<tr><td rowspan="2">特殊性政策工具</td><td colspan="2">选择性控制</td><td>信息公开、公众参与，媒体、网络等舆论监督，行业协会自律</td></tr>
<tr><td colspan="2">直接性控制</td><td>环境影响评价，节能减排的强制性技术标准、认证、环境标识，资源环境审计，清洁生产，循环经济</td></tr>
<tr><td rowspan="2">间接性引导工具</td><td colspan="2">道义劝告</td><td>绿色行为：绿色建筑—交通—生产—生活—消费，绿色理念—价值—文化</td></tr>
<tr><td colspan="2">窗口指导</td><td>节能减排志愿性技术标准、认证、标识</td></tr>
</table>

（一）一般性政策工具

一般性政策工具是政策工具的主体部分，主要是基于市场的经济手段，如财税政策、金融政策、价格政策。

（二）特殊性政策工具

特殊性政策工具是在特殊阶段或有助于一般性工具的有效使用而形成的政策措施，包括直接性控制和选择性控制。直接性控制就是传统的命令—控制手段，如区域（流域）限制、环境影响评价、家用电器能源效率标识等，它们具有强制性、法规性、直接性、见效快等特点；选择性控制则是基于节能减排参与主体的多元化、监督方式的多方位、行业与企业自律等社会自我选择的角度，实施节能减排措施，具有参与性、监督性、自律性特征。

（三）间接性引导工具

间接性引导工具是以窗口指导或道义劝告等方式，促进生产和消费低污染、低能耗产品，具有告示性、引导性、志愿性、合作性特点。和发达国家一样，中国的能源政策工具也是从特殊性政策工具到一般性政策工具和间接性引导工具、由直接性工具到选择性工具发展而来的，正在形成一个以一般性政策工具为主体，并与其他工具相辅相成的结构体系。

第二节　中国省级能源政策

在省级能源政策的出台上，中国各省（区、市）为了提高能源的全要素效率，调整的能源效率要素对象和全国层面的政策一样，更多表现在对能源结构、产业结构的调整和促进行业技术的进步上。

在能源结构的调整上，推动能源生产结构和消费结构的优化，加强煤炭安全绿色开发和清洁高效利用，推广使用优质煤、洁净型煤，有序推进煤改气、煤改电，鼓励利用可再生能源、天然气、电力等优质能源替代燃煤使用。如北京市人民政府办公厅 2001 年发布的《关于印发北京市能源结构调整规划的通知》、2003 年发布的《关于燃煤联片供热锅炉改用清洁能源有关工作的通知》、2016~2017 年北京各区县实行的“煤改电”“煤改气”“煤改清洁能源”政策，都明确了能源结构调整的目标和方案。2013 年上海市六部门发布的《关于进一步加大力度推进燃煤（重油）锅炉和窑炉清洁能源替代工作的实施意见》、2010 年河北颁布的《河北省新能源产业“十二五”发展规划》、2015 年上海市环境保护局发布的《关于进一步加强环境监管加快推进本市清洁能源替代工作的通知》、2018 年湖南推动的“气化湖南工程”，都体现了通过调整能源使用和开发结构来实现其提高能源效率的目标，力促能源消费结构的低碳化。

在产业结构的调整上，制定了发展或限制某行业及优化产业结构的相关规定、办法。

（一）加快淘汰产业落后产能，强化行业管理

2015 年，江苏发布了《关于印发〈江苏煤电节能减排监督管理实施细则〉的通知》，对新建煤电机组选型和能源效率、环保等指标是否符合国家和省有关规定，关停小火电及淘汰落后机组容量情况进行监管，倒逼产业转型。在河北省发布的《河北省煤电节能减排升级与改造行动计划 2016 年实施方案》中，2016 年安排淘汰电力行业落后产能 5.1 万千瓦，列入淘汰落后产能目标任务的机组要按照国家能源局有关要求实施破坏性拆除。

（二）加快发展低能耗低排放产业

2016 年，河北省发布了《河北省加快新能源汽车产业发展和推广应用若干措施》，为加大河北省新能源汽车推广应用力度、加快新能源汽车产业发展提出要求和措施。2017 年，广东省发布了《广东省绿色制造体系建设实施方案》，提出加快创建生产洁净化、能源低碳化等特点的绿色工厂，采用先进适用的清洁生产工艺技术和高效末端治理装备。

在促进行业技术进步上，各省（区、市）的能源政策也都在各种方案、通知、规划中有所表现。如 2011 年湖北省发布的《关于加大节能减排力度　加快全省钢铁工业结构调整的实施意见》提出大力推进钢铁工业节能减排，支持和鼓励企业开展技术创新和技术改造。2017 年黑龙江发布的《黑龙江省“十三五”节能减排综合工作实施方案》、2017 年安徽省发布的《安徽省能源发展“十三五”规划》都要求强化节能减排技术支撑和服务体系的建设。

在基于能源效率影响因素调整能源效率的过程中，部分省（区、

市）也基于能源价格因素来促进能源效率的提高。2011 年，重庆市出台了分时电价政策，使一般谷电电价只相当于高峰电价的 1/2 甚至 1/5，同时取消电力增容、电贴费等不同程度的优惠。2017 年，甘肃省调整电价支持清洁能源供暖，对利用环保节能用电设备供暖的居民和非居民用户实行分时价格政策。

在能源政策工具的应用上，中国各省（区、市）的一般性政策工具更多表现在财税政策上，相比国家层面的手段较为单一。2012 年，重庆市制定了《重庆市节能减排财政政策综合示范项目和资金管理暂行办法》，规范了节能减排综合示范项目和财政资金管理。2017 年，北京市发布《北京市推广应用新能源商用车管理办法》。2016 年，上海市七部门制定了《上海市鼓励购买和使用新能源汽车暂行办法（2016 年修订）》。2017 年，天津市发布的《天津市推广应用新能源汽车地方补助管理办法（2017 年）》，制定了新能源商用车生产企业和新能源商用车产品需要符合的条件，并制定了财政补贴措施。2010 年河北省发布的《河北省新能源开发利用管理条例》、2017 年天津市发布的《天津市推广应用新能源汽车地方补助管理办法（2017 年）》，都提出要综合运用税收、价格和信贷等手段，扶持新能源资源的开发利用。

省级层面在特殊性政策工具的应用上更多地表现为直接性控制，政策主要表现如下。

一是强制性认证标准。河北省住房和城乡建设厅 2016 年颁布的《公共建筑节能设计标准》、北京市在 2016 年发布的《能源效率标识管理办法》《公共机构能源审计管理暂行办法》，对节能减排、认证执行强制性技术标准。

二是强化能评环评约束作用。2002 年颁布的《中华人民共和国环境影响评价法》，要求政府主管的各项综合规划和专项规划、所有建设项目都要进行环境影响评价，执行环境影响评价制度。同时对能源消费高的工业领域，大力推行合同能源管理新机制，如 2010 年安徽省发布的《关于加快推行合同能源管理促进节能服务产业发展的实施意见》，明确规定要在重点领域推广合同能源管理，探索在建筑、交通运输、公共领域推行合同能源管理。

三是积极推进清洁生产审核。除强制实施清洁生产审核的企业，建立工业企业清洁生产项目库，及时掌握工业企业推进清洁生产项目建设情况。全面推进重点行业和重点企业实施清洁生产，加快清洁生产技术改造。如 2013 年湖南省发布的《湖南省工业企业清洁生产工作实施方案》提出指导和鼓励企业实施清洁生产方案。

第三节　其他主要国家和地区能源政策

2003 年，英国最早提出“低碳经济”这一概念，并迅速为世界各国所采纳。以欧盟及其成员国、美国、日本等为主的发达国家为发展低碳经济制定了一系列的政策与计划，将低碳经济看作新的工业革命。本节将以欧盟、美国、日本为主要对象分析能源政策。

一　欧盟的能源政策

欧盟在近年来所实施的主要能源政策以英国和德国为代表，英国（2018 年英国脱离欧盟）曾经历过大气污染公害，通过能源政策的实施，英国已成为世界上最绿色的国家之一。德国在节能环保领域处于世界领先地位，其节能环保理念深入人心，政策面面俱到，措施渗透到生产、生活各个环节：从节能、提高能源效率到开发利用可再生能源，从环保汽车到节能建筑，从工艺流程到生活细节，样样都离不开节能环保。时至今日，节能环保产业业已成为德国又一大支柱产业。2000 年以来影响能源效率的标志性政策如表 3–2 所示。

表 3–2　2000 年以来英国、德国主要能源政策

年份	类别	描述
2000	《可再生能源法》（EEG）（德国）	开发和利用可再生能源纲领性法规
2000	《欧盟能源供应安全绿皮书》	欧盟的所有传统能源的可获得性非常有限，只有可再生能源具有潜在的规模供应能力。因此，为了降低能源进口，必须采用技术密集的可再生能源路线

续表

年份	类别	描述
2000	《可再生能源义务法令》（英国）	采用可再生能源配额制度来促进可再生能源发展，主要包括可再生能源电力义务和可再生交通燃料义务
2001	《生物质发电条例》（德国）	促进和规范可再生能源发展
2002	欧洲智能能源计划	目的是节约能源、大力发展可再生能源和保护环境
2002	关于降低增值税税率的规定（英国）	规定了新能源项目的税收减免、返还等
2003	欧盟指令（2003/96/EC）	准许给予生物燃料优惠税收减免
2003	《能源白皮书》（英国）	提出可再生能源在国家能源结构中的比例到 2020 年达到 20%；对传统能源发电征收电力税，税率逐步提高
2005	欧盟排放交易体系（EUETS）	世界上第一个多国参与的排放交易体系，也是欧盟为了实现《京都议定书》确立的二氧化碳减排目标而于 2005 年建立的气候政策体系
2005	《能源供应电网接入法》（StromNZV）（德国）	规范供电市场参与者行为
2005	《能源行业法》（EnWG）（德国）	为促进可再生能源接入电网做出相关补充规定
2006	《获得可持续发展，有竞争力和安全能源的欧洲战略》的能源政策绿皮书	鼓励能源的可持续性利用，发展可替代能源，加大对节能、清洁能源和可再生能源的研究投入
2007	可再生能源路线图（欧盟）	到 2020 年可再生能源的消费量占能源消费总量的 20%；交通运输消费的生物燃料数量在燃料消费总量中所占的比重至少达到 10%
2007	能源与气候变化综合方案（德国）	以提高能源效率和优先使用低碳能源为基础，重申了经济效率和环境保护的能源政策
2007	《生物燃料配额法》（德国）	规定化石燃料必须添加或者混合一定比例的生物质燃料
2007	《可再生交通燃料义务法令》（英国）	到 2010 年，生物燃料占加油站所售燃料的比例应达到 5%
2007	《2007—2009 年欧洲委员会能源行动计划》（又称为欧洲能源政策书）	建立欧盟统一的天然气与电力市场，提高能源效率与扩大核能利用规模，研究新能源技术与开发绿色能源
2008	《能源法》（英国）	更适用于当前的能源市场状况，内容涉及海上天然气基础设施、二氧化碳储存、可再生能源义务机制、小型低碳发电的强制上网电价、可再生能源供热激励、能源设施的更换等主要领域

续表

年份	类别	描述
2008	《促进可再生能源生产令》(SDE)(德国)	规范政府对可再生能源生产的补贴行动
2008	能源补贴分配总规则(德国)	对可再生能源领域投资和科研项目予以资助,以促进技术提升
2008	《气候变化法案》(英国)	以温室气体减排为目标的法案,要求英国政府必须在2050年努力实现减排80%的目标
2008	太阳能电池政府补贴规则(德国)	规定在太阳能光伏系统领域的投资将获得部分政府补贴
2008	国际气候行动(德国)	为全球范围气候变化应对项目提供资金,以推动提高能源效率、扩大可再生能源使用、降低碳排放
2009	可再生能源指令(英国)	目标是到2020年可再生能源要占到英国能源消费总量的15%
2009	《英国低碳转型计划》(英国)	到2020年将碳排放量在1990年基础上减少34%的具体目标。将英国经济转型为永久可持续低碳经济并且该计划覆盖了英国的各个经济领域。该计划可配套《英国可再生能源战略》《英国低碳工业战略》《低碳交通战略》
2009	EEG修订(德国)	2020年德国可再生能源在电力消费中的占比目标为30%。以提升价格为主,调整可再生能源补贴性价格标准
2009	《能源投资补贴清单》(德国)	该法规于每年初修订,用于说明在政府"能源投资补贴"(EIA)安排下,每年可获补贴的投资项目清单及其补贴金额
2009	《可再生能源分类规则2009》(RAC 2009)(德国)	提供可再生能源产品分类信息,并规范依据SDE开展政府补贴时的金额计算方法
2010	《能源2020:具有竞争力的、可持续的和安全的能源战略》(欧盟)	提高欧盟的能源效率,增强欧盟在能源技术和创新领域的领导力
2010	《能源法》(英国)	基于在2009年出台的《英国低碳转型计划》,根据转型计划所提出的一些关键目标,新能源法规定了实施低碳转型所需要的一些关键措施
2012	《能源法案》(英国)	调整英国国内能源消费结构,发展低碳经济。预计到2020年,在英国的能源结构中可再生能源所占比例将提高到30%,远远超过了欧盟制定的20%的目标
2012	能源效率战略(英国)	今后数十年,英国国内特别是在住宅、运输、制造业领域的能源使用方法要有一个重大转变

续表

年份	类别	描述
2013	欧盟 CoC V5 能效标准	在电源适配器、充电器、开关电源等外置电源能源效率方面提出的新标准

从表 3-2 可以看出，欧盟在能源政策中所涉及的能源效率影响因素中，主要包括能源的生产结构和消费结构、低碳技术的创新、产业结构的调整三个方面。

1. 大力发展新的清洁能源

大力发展可再生能源，并且不断提高能源的利用效率是发展低碳经济的关键。英国风力资源丰富，政府就将风能作为新能源开发的一个重点。自从第一个海上风力发电站 2000 年获准建设开始，英国政府通过经济补贴等多种政策，使其现已成为全球拥有海上风力发电站最多、总装机容量最大的国家，预计 2020 年英国风力发电总容量将达到 330 亿千瓦，将占到全球风力发电总量的 50%。此外，德国政府十分关注核能、地热等其他新的清洁能源的开发和利用，对在家中安装新的清洁能源设备的家庭给予相应的补贴。

2009 年，英国发布《英国低碳转型计划》国家战略白皮书，预计到 2020 年，电力供应中 30% 来自可再生能源。英国要在 2050 年前基本消除电力行业的碳排放。

2. 鼓励和引导低碳技术不断创新

英国、德国政府为了鼓励企业研发低碳技术，不断进行低碳技术创新，对减少碳排放的企业给予相应税收的减免，还通过“强化投资补贴”项目来鼓励企业投资节能环保的技术或设备。为了促进低碳研究开发、加速技术商业化，英国政府 2001 年成立了碳信托有限公司。该公司是由政府投资但以企业的模式进行运作。同时，对于低碳技术研发的企业，德国政府在其申请低碳技术专利方面给予优先权，并为其获取专利提供快速的通道，这样有利于低碳企业的相关产品迅速打入市场。

3. 产业结构调整

一是对于能源、汽车等高碳产业，积极引入新技术和改造现有技术并且细分了这些产业所引出的产业链条以实现低碳化的目的。二是大力发展分布于可再生能源领域、能源的效率化与低碳化领域和主要包括碳排放权交易服务、绿色金融服务、企业碳管理咨询服务等低碳型服务领域的低碳产业。三是“领跑者”制度。要求确定家电、汽车、新建住宅及配套设备等行业内同类中能耗最低的产品为整个行业的标准，并且要求在指定时期内所有同类产品必须达到这个标准。

欧盟在为实现其能源政策所使用的政策工具上，主要表现在以下几个方面。

1. 财政减免补贴

低碳经济作为新的经济增长点，已经被写入英德二国未来发展战略规划。为了减少温室气体的排放，2001 年英国政府对商业、工业等部门的能源使用征收气候变化税，并且对使用可再生能源等清洁能源的企业提供免税政策，对自愿参加按时完成政府减排目标任务的企业减免 80% 的气候变化税。

为了促进低碳经济的发展，英国、德国政府采取了有利于低碳经济发展的补贴政策。投资补贴是财政补贴政策的重要形式。投资补贴政策已在不同的技术种类与产品中得到广泛的应用，其主要目的是鼓励节能技术的使用。英国政府也特别重视对可再生能源和低碳技术的研发，在 2002~2004 年 3 年时间里，累计投入 2.5 亿英镑就太阳能、风能、生物燃料、水能、海势能、燃料电池和其他能源的利用进行研发和示范。为了鼓励家庭住房的节能改造，英国政府拨款 32 亿英镑用于对那些主动在房屋中安装清洁能源设备的家庭进行补偿。德国政府对可再生能源的经济行为补贴了很多，为了推动可再生能源进入市场，为生物质能发电项目提供补贴，对环保车购买用户给予补贴，鼓励消费者购买环保车型。

2. 碳交易工具

碳交易工具是为促进全球温室气体减排、减少全球二氧化碳排放所采用的一种以市场为基础的政策，它是一种激励手段。政府设定碳排放的总量目标，然后把碳排放权以配额的方式分配给企业，每个企业在进行碳排放的过程中不得超过其规定的限额。

由于不同行业、不同企业的减排成本不同，可以通过市场对碳排放权进行交易，减排成本低的企业就可以把多余的碳排放权出售给减排成本高的企业而获得利润。通过这种政策的实施，可以实现减排成本的最小化，也会对企业直接或间接导致的碳排放活动进行限制，对企业直接或间接减少碳排放的活动进行鼓励，有助于最终实现碳减排目标。

3. 开征碳税和气候变化税

碳税的税率是由不同能源的含碳量和发热量决定的，属于混合型税种，由于税率上存在的差异性，可以让碳排放者负担得起相应的社会成本，是一种很有效的政策工具。气候变化税与燃料税、车辆使用税和航空乘客税类似。英国根据工业、商业和公共部门的煤炭、油气以及电能等能源的使用来计算征收气候税，对使用生物能源、清洁能源或者可再生能源的企业进行免税。

4. 节能标识和能源效率认证制度

要求在产品上必须贴加按照能效级别分类的标识，能够让消费者清楚地了解能源效率等级、节能标准达标率等产品信息。德国建立了拥有13000多名注册专家的专家资源库，形成了涵盖建筑、家用电器和汽车等诸多领域的能源效率标准体系和标识制度；英国能源效率认证是建筑能源效率指令的一部分，根据时间、占地面积和结构对建筑进行评估，提出民用、非民用建筑的能源效率等级，从A级、A+级直到G级。能源效率认证也包括一系列提高建筑能源效率的建议。房屋在建造、出租或销售时必须出具能源效率认证。

5. “碳足迹”制度

要求计算出一个产品或者一项服务从生产、运输、使用到丢弃整个周期的温室气体排放值，并且标注在产品或者服务上以达到使消费者直接了解该产品或者服务的碳排放量的目的。

英国的绿色食品标签将显示出食品在生产和运输过程中的碳排放量。英国几家主要的连锁超市已经在一些产品上贴上减碳标签，显示产品在种植、包装和运输的过程中，每克食品所产生的二氧化碳量。通过测量商品的“碳足迹”，也能有效帮助消费者选择低碳商品。

英国政府在法律中规定不得签订阻碍、约束和扭曲市场竞争的协议，不得滥用市场主导地位。对家庭和中小企业的支持更多是建立平台并进行监督。如通过网络平台的建设，提供节能建议；公开国家节能计划，并告知如何获得相应的拨款；亲自参与节能实验，向公众证明节能效果；为家庭或经营者提供节能服务，如北爱尔兰投资局为经营者提供免费的能源和资源效率审计；要求节能产品供应商向消费者展示产品的使用详情；对智能表使用者的能源使用情况进行检查并告知节能效果等。

二 美国的能源政策

美国的能源政策总的来讲可以分为联邦能源政策与各州的能源政策体系。联邦能源效率管理部门——美国能源部，主要负责制定、执行美国的能源政策，协调、资助和考核能源效率研究项目以及管理美国联邦所属机构的建筑和交通工具的能源效率。各州的能源管理部门主要由州政府下设的能源委员会负责。

2000 年以来，美国联邦政府一共出台了 100 多项涉及能源利用效率的政策，与联邦层面的能源效率政策相比，各州的政策使用范围小，但是涉及的过程和领域更加具体并且更具可操作性。截至 2017 年，根据 DSIRE 数据库的数据，美国各州关于能源政策措施的数量中，全美各州共有 644 项监管政策（法律）、1117 项技术支持措施和 1978 项经济激励措施。

第一，在能源结构调整方面，加速能源多元化，在太阳能、风能、生物质能、地热能、海洋能等领域的开发也齐头并进，鼓励替代能源乙醇、氢能源的发展。

第二，在能源效率技术研发方面，美国能源部和各州的能源管理委员会通过由政府直接资助或主导的能源效率技术研发，直接或间接资助能源效率产品商业化开发利用。美国能源部在每一个潜在的技术领域都设立了相关的研发基金、相应的实验室或资助了高校科研单位的相关研究项目。

第三，在产业结构调整方面，重振“美国制造”，推动能源、网络、信息技术等制造业关键技术领域创新，以技术创新为核心，对传统制造业进行全产业链的重构。制定行业和产品标准。美国政府对商业和家用电器实施了更加严格的能源效率标准，包括微波炉、炉灶、洗碗机、电灯及其他常用电器。新能源效率标准的出台对常用电器的制造提出能源效率要求。2000 年以后，发电、炼油、炼钢等工业部门的温室气体排放配额将逐步减少，超额排放需购买排放权。在煤炭领域，支持企业进行现代化改造，改用清洁煤炭技术。支持新能源汽车产业的发展，支持插电式混合动力车、全电动汽车以及为新型汽车提供电力的基础设施和新型清洁燃料的发展。

第四，在电价领域，可以对比国际先进水平，制定各行业的电耗标准，实行严格的差别电价。超过行业电耗标准的用电，提高其电价，促使企业降低电耗。同时根据国家定期发布的行业景气指数，调整电价目录。

美国在为实现其能源政策所使用的政策工具上，主要表现在以下几个方面：第一，对第三方资助的可再生能源项目采取优惠的税收政策；第二，为可再生能源企业提供补贴；第三，为购买可再生能源设备和服务的用户提供经济激励；第四，建立绿色基金，为私有银行介入的资本市场提供支持；第五，建立国家基金，支持可再生能源发展；第六，美国能源部通过资金和部分政策优惠激励各州政府采用更高的能源效率标准。

三　日本的能源政策

作为一个能源资源匮乏的国家，日本一直非常重视节能和能源效率管理。为了提高能源效率，减少经济增长对能源的过度依赖，日本政府从第一次世界石油危机开始就出台了一系列法律、法规，构建了一个完整的监管体系，创新性地提出能源管理师制度，并通过融洽的政企关系和适当的激励实现了能源效率技术的提升与推广。

2006 年，日本通过国家能源战略——《新国家能源战略》。2008 年，日本福田首相提出“福田蓝图”，旨在将日本打造成世界上第一个“低碳社会”。2009 年，日本政府发布《绿色经济与社会变革》的政策草案。2000 年以来日本的主要能源政策见表 3-3。

表 3-3 2000 年以来日本的主要能源政策

年份	类别	描述
2001	《促进新能源利用特别措施法》（新能源法）	投入能源事业的任何人都有责任与义务全力促进新能源和可再生能源推广工作。在行政上，政府通过必要措施以加速新能源及可再生能源的推广应用。在法规上，为新能源和可再生能源进入市场创造有利条件，专门设立了提供低息贷款及保证
2002	《日本能源政策基本法》	从宏观上统领日本能源法律体系，政府应当谋求长期地、综合地和有计划地推进供需政策措施，并制订关于能源供需的基本计划
2002	《节约能源法》	提高了众多产品的节能标准。加大了对未达标企业的惩罚力度，这种赏罚分明的制度使企业的节能技术开发不断取得进步
2003	《能源基本计划》	对能源生产、消费、进口的各项具体政策进行了规定，并随时根据新的情况进行调整
2003	《针对电力企业的新能源利用特别措施法》（简称新能源电力促进法或 RPS 法）	是为促进风力发电和太阳能发电等新能源的普及，规定电力企业有义务使用一定量的新能源的法律
2004	《新能源产业化远景构想》	到 2010 年，日本能源绿色生产开始真正成为国家重点培养和发展的大工业
2006	《新国家能源战略》	围绕“节能减排、开发利用新能源”这个主题阐述了一系列发展战略及实施方案。其中“节能减排先进基准计划”制定了日本中长期节能减排的技术发展战略，加大了节能减排推广政策支持力度
2007	《能源白皮书》	确立自立的、符合环境要求的能源结构，即在推进节能的同时，大力推进核能、太阳能、风能等清洁能源的发展，继续降低石油在能源消费结构中的比重。要加强国家对能源开发行业的金融、财政支持
2007	《针对电力企业的新能源利用特别措施法（修订）》	可再生能源的引进，分阶段提高新能源的引进率
2011	《可再生能源法案》	旨在促进新能源技术革新，以减少对核电的依赖和二氧化碳气体排放。规定了一系列电器的价格补贴，同时规定电力公司有购买个人和企业通过利用太阳能等发电技术产生的电力的义务。从价格机制上对企业和家庭参与发电进行了有效激励

续表

年份	类别	描述
2012	《创新能源与环境战略》	该战略计划规定，日本未来能源战略的三大目标为“早日实现不依赖核电的社会”“开展清洁能源革命”“实现稳定的能源供给”
2014	《新能源基本计划》	明确了“后福岛时代”日本能源政策的基本方针——“3E+S”。3E 即能源保障（Energy Security）、经济效率（Economic Efficiency）和环境保护（Environment），将煤炭定位为长期可依赖的重要能源，在能源策略中煤炭与核电具有同等重要的战略地位，需加强节能减排措施
2017	《能源白皮书》	把太阳能和风能等可再生能源定位为主力电源，在通过氢气化学反应实现发电的燃料电池方面，日本企业的技术实力引领全球，白皮书要求举全国之力提供支持。通过固定价格收购制度提出中长期的价格目标等，以敦促发电商努力削减成本
2018	《能源基本计划》	将推动太阳能和风力等可再生能源成为主力能源。要在 2030 年实现把可再生能源发电在总发电量中所占比例提高到 22%~24% 的目标。加快了进军太阳能领域的步伐，并力争在 2030~2050 年实现脱碳化目标

日本的主要能源政策体现在以下几个方面。第一，低碳能源政策：能源技术政策、节能政策与可再生能源方针。第二，低碳产业政策：推进新交通管理系统政策、远程办公计划、推出“生态铁路标志”认证体系。第三，低碳技术政策：涉及碳封存技术政策、低碳技术标准、碳捕获技术以及碳减排技术研发、应用和转让方针；改进现有生物质能、风能、海洋温差、太阳能、燃料电池等新能源技术及其电力转换技术。

日本为提高其能源效率所使用的主要政策工具如下。第一，推广实行可再生能源招标制和“领跑者”制度。第二，绿色投融资政策。日本政策投资银行将环境友好型经营促进事业列为投融资项目，实施低利息融资政策。第三，绿色消费政策。使用环境标志，推广绿色采购。实行能源效率标识制度。从节能标识标签上，消费者可以了解到能源效率等级、每年的能源消费量、节能标准达标率、能源运行费用、生产厂商、产品名称和型号等内容。

当前，世界各国的能源政策措施各具特色，侧重点不尽相同，但也有许多共同之处。一是强调能源来源多元化。各国制定新能源政策的最主要目的是减少对化石能源的依赖，通过大力发展风能、太阳能、水电、生物能、核能、地热能和海洋资源等新能源，逐步降低一次性化石能源在能源消费结构中的比重。2011 年的日本核危机事件使全球各国深刻认识到核能是一把“双刃剑”，开始更加注重发展可再生能源。可再生能源或将接替核能成为今后世界新能源格局中的主力军。二是注重节能减排，试图减缓全球气候变化。20 世纪 90 年代以后，各国能源政策的一个新亮点就是将应对生态危机和气候变化作为制定能源政策的主要目的。例如，英国议会 2008 年 11 月通过了《气候变化法案》，率先在世界上建立了减少温室气体排放、适应气候变化的法律约束性长期框架。三是注重技术创新，着力抢占未来新能源技术的制高点。世界主要发达国家非常重视新能源技术的研发和应用。欧盟于 2010 年发布了《欧盟 2020 年战略——为实现灵巧增长、可持续增长和包容性增长的战略》，提出发展智能、现代化和全面互联的运输和能源基础设施等措施，设立资源效率更高、更加绿色、竞争力更强的经济目标。

第四章

基于环境约束的省域能源效率测算

第一节 省域全要素能源效率测算模型及数据说明

数据包络分析（DEA）是一种非参数的线性规划程序，用于评估一个决策单元（DMU）在一个给定的单元集合内相对于其他单元格的有效性。DEA 方法首先由 Farrell（1957）提出，后由 Charnes 等（1978）发展形成。DEA 模型不要求具体的函数关系，给予一定的投入向量和产出向量，DEA 模型将对每一个 DMU 进行分析和评价，然后确定最优的生产决策单元，之后一个生产前沿面被构造出来，唯一生产前沿面上的单元被认为是决策有效的，效率得分为 1，而在前沿面内部的生产单位则被认为是生产相对无效的，效率得分将在 0 和 1 之间波动。DEA 方法可被用于产出导向型的或者投入导向型的模型中。产出导向型模型测量的是在投入要素量和比例不变的情况下可以获得的最大产出；投入导向型模型测量的是在产出不变的条件下，如何减少投入量和投入比例的问题。本书研究的是投入的能源的生产效率，所以用的 DEA 方法为投入导向型模型，具体模型如下。

假设有 K 个决策单元，每一个决策单元有 M 种投入和 N 种产出，决策单元 P 的效率得分 η_p 可由如下线性规划模型得出：

$$\max \lambda_r \eta_p \qquad (4\text{-}1)$$

受如下条件约束：

$$x_{ip} \quad \sum_{r=1}^{K} x_{ir}\lambda_r \geqslant 0 \qquad \text{for } i=1，2，\cdots，M \qquad (4\text{-}2)$$

$-y_{jp}\eta_p+\sum_{r=1}^{K}x_{ir}\lambda_r \geqslant 0$ for $j=1, 2, \cdots, N$ （4–3）

$\lambda_r \geqslant 0$ for $r=1, 2, \cdots, P, \cdots, K$ （4–4）

在上式中，η_p 为效率得分；x_i 是第 i 种投入，y_j 是第 j 种产出，λ 是一个 $K \times 1$ 的不变向量，代表决策单元的权重。上述规划程序可以计算出决策单元 P 在产出不变的条件下，如何通过调整和最小化 M 种投入的投入量，以使该决策单元 P 达到生产前沿面。上述模型是不变规模报酬的 DEA 模型。如果对上述模型中的参数向量 η_p 做如下限制 $\sum_{r=1}^{K}\lambda_r=1$，上述模型就变为可变规模报酬 DEA 模型。

经过求解，第 P 个决策单元的效率分值即为 η_p，且 $\eta_p \leqslant 1$，按照 Farrell（1957）的观点，当 $\eta_p=1$ 时，表明决策单元 P 处于生产前沿上，是完美的技术效率；如果 $\eta_p < 1$，则存在 $1-\eta_p$ 的技术效率损失。DEA 需要通过线性规划识别处于前沿的点，作为非效率决策单元改进的目标。非效率决策单元的投入调整量包括径向调整量和松弛调整量两个部分。

图 4–1 演示了非有效单元的投入如何调整到有效的生产前沿面上，处于前沿面的决策单元的最大化产出已标准化为 1，相应的能源和其他投入要素也通过与产出相除的标准化处理。决策单元 C 和决策单元 D 是有效率的决策单元，它们构成了最优生产前沿面，与之对应的生产决策单元 A 和 B 则处在非有效前沿面上，是非效率的。决策单元 A 和 B 的效率分值分别为 η_A、η_B，分别对应图中的 OA'/OA 和 OB'/OB。AA' 为能源投入的径向调整量，随之便产生一个问题，即 OA' 是不是有效率的？DEA 通常构建的是分段线性前沿，由于分段线性前沿可能与坐标轴平行而导致松弛（Slack），在决策单元 A 保持产出不变，能源投入可以进一步减少 $A'C$，即能源投入的松弛调整量。因此，决策单元 A 达到最优技术效率的潜在能源投入应为 $\eta_p\, OA' \times \eta_A - A'C$，进而我们将各决策单元的潜在能源投入量与实际投入量的比值界定为能源效率，即全要素能源效率。

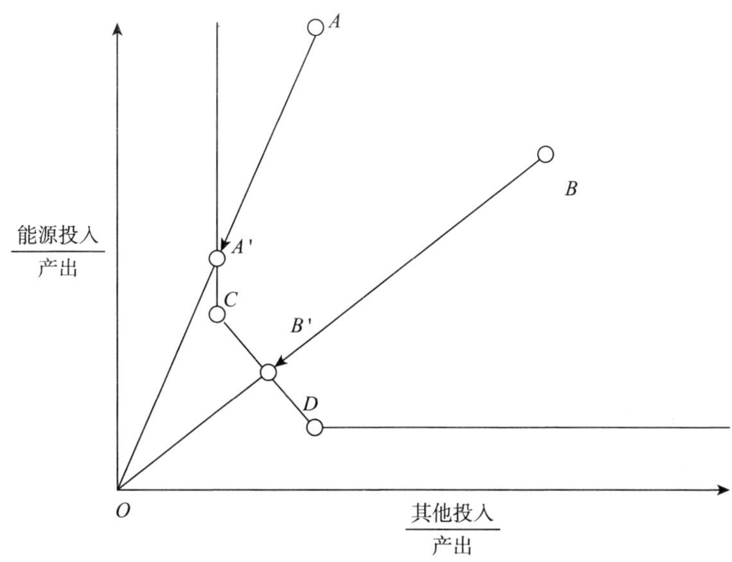

图 4–1　规模报酬不变的投入 DEA 模型

本部分研究的是投入的能源效率，所用 DEA 方法为投入导向型模型。非效率决策单元的能源投入调整量包括径向调整量和松弛调整量两个部分。我们将各决策单元的潜在能源投入量与实际投入量的比值界定为能源效率，即全要素能源效率。

$$TFEE_{it}=\frac{E_{it\,目标值}}{E_{it\,实际值}} \tag{4-5}$$

$$E_{it\,调整值}=E_{it\,实际值}-E_{it\,目标值} \tag{4-6}$$

其中，*TFEE* 表示全要素能源效率，*i* 表示 30 个省（区、市），*t* 表示时间。$E_{it\,调整值}$表示各省（区、市）能源投入的调整量，包括径向调整量和松弛调整量。由于实际能源消费总是大于或者等于目标值，所以 *TFEE* 的值为 0~1。本部分试图建立一个能全面衡量能源效率的指标体系，即绿色能源效率指标，并对绿色能源效率进行界定：绿色能源效率（*TFEE*）是指一个经济体在综合考虑生产活动中所消耗的能源成本和环境破坏成本后所能实现的产出最大化的能力，即在给定能源投入时实现最大期望产出（如 GDP）和最小非期望产出（即环境污染）的能力，或在给定期望产出水平时实现能源投入和非期望产出最小化的能力。

本书研究中国全要素能源效率选取的时间跨度是2000~2017年，截面跨度为中国大陆30个省（区、市）[①]。假定生产过程中的投入要素除了传统的资本、劳动外，再加入能源作为第3种投入要素，产出端除了传统的GDP外，各省（区、市）非期望产出二氧化硫（SO_2）排放量也被纳入了测算模型，加入了对污染排放的考察。

中国各省（区、市）2000~2017年经济产出、固定资产投资和劳动力数据主要来源于《中国统计年鉴》（2011~2018年）、中国统计数据应用支持系统数据库、国研网统计数据库、搜数网；各省（区、市）SO_2排放数据和能源消费数据主要来源于各省（区、市）的统计年鉴和搜数网。部分能源数据来源于各省（区、市）的《国民经济和社会发展统计公报》，各省（区、市）消耗的非标能源消费量按照相应比例折算为统一单位（标准煤），然后加总核算，非标量能源换算标准煤参考系数来源于《中国能源统计年鉴2017》。

30个省（区、市）经济投入产出数据均折算为2000年的不变价格。各省（区、市）GDP折算指数来源于《中国城市（镇）生活与价格年鉴》和中宏数据库。固定资产投资价格平减指数来源于《中国价格统计年鉴》（2013~2018年），部分数据来自国研网统计数据库。根据各省（区、市）固定资产投资平减系数和各省（区、市）以当年价计算的固定资产投资，可计算出各省（区、市）以2000年为不变价格的当年投资额。各省（区、市）资本存量数值以1978年为基准年，按永续盘存法以2000年为不变价格计算各年的资本存量。本书采用张军等（2004）在计算省际资本存量时所计算出的折旧率，在相对效率呈几何递减的折旧模式下，30个省（区、市）固定资本形成总额的经济折旧率δ为9.6%。

劳动力严格地说应当由各省（区、市）就业人员的有效劳动时间衡量，但由于缺乏平均工作时间的统计数据，我们采用各省（区、市）就业人口数作为替代。

按照经济特征，中国所有区域主要划分为八大经济区，本书研究所

① 注：由于西藏的二氧化硫数据缺失较多，本章不涉及西藏全要素能源效率的计算。

用的30个省（区、市）分别属于下列经济区：黄河中游综合经济区（陕西、山西、河南、内蒙古）、长江中游综合经济区（湖北、湖南、江西、安徽）、东北综合经济区（辽宁、吉林、黑龙江）、北部沿海综合经济区（北京、天津、河北、山东）、东部沿海综合经济区（上海、江苏、浙江）、南部沿海经济区（福建、广东、海南）、大西南综合经济区（云南、贵州、四川、重庆、广西）、大西北综合经济区（甘肃、青海、宁夏、新疆）。本书以八大经济区的30个省（区、市）的面板数据为研究单元。

第二节　省域全要素能源效率测算结果及分析

以各省（区、市）GDP、二氧化硫（SO_2）排放量为输出变量，以资本存量、劳动力、能源消费量为输入变量。松弛调整量计算采用多步方法，进行投入导向型DEA分析，获得30个省（区、市）能源消费的目标值，并根据公式（4–5）和公式（4–6），可以得到30个省（区、市）的全要素能源效率指数。总体来看，30个省（区、市）的全要素能源效率的演进过程表现出如下特征。

30个省（区、市）中，2000年、2010年和2017年能源效率进入前沿面的省（区、市）数分别有13个、5个和8个，这个时间区间内进入能源效率前沿面的省（区、市）数量减少，占比由2000年的43.3%下降到2017年的26.7%，2000~2017年退出能源效率前沿面的省（区、市）分别为黄河中游综合经济区的河南、内蒙古，东北综合经济区的黑龙江，南部沿海经济区的福建，长江中游综合经济区的江西，大西北综合经济区的宁夏。2000~2017年，北部沿海综合经济区的北京，东部沿海综合经济区的上海，南部沿海经济区的广东、海南，大西北综合经济区的青海，在考察期间始终保持在能源效率的前沿面上。在2000年处于能源效率前沿面上的南部沿海经济区的福建、大西北综合经济区的宁夏、长江中游综合经济区的江西，在考察期间的全要素能源效率显示出偏离生产前沿面的态势，能源效率相比前沿面省（区、市）改进幅度不显著，这3个省（区）在2017年全部退出能源效率前沿面，在2017年其能源效率值分别为0.892、0.704、0.640。2000~2017年，30个省（区、市）全要素能源效率的平均分值也由0.861下降为0.703。2000~2017年，30个省（区、市）全要素能源效率的最大值和最小值差距缩小。2000~2017年，30个省（区、市）能源效率最小值由2000年的0.273上升到2017年的0.355。进一步比较此考察时间段的能源效率变异系数，30个省（区、市）能源利用效率差异趋于发散，变异系数由2000年的0.219提高到2017年的0.306，省域能源效率差异趋大。

30个省（区、市）全要素能源效率与区域经济增长也可以从表4-1中发现规律。通过表4-1可以看到，在经济发达的东部沿海综合经济区的上海、北部沿海综合经济区的北京、南部沿海经济区的广东、海南，全要素能源效率在全部年份均为1，处于能源效率的前沿面；而经济相对落后的大西北综合经济区的青海，在全部年份全要素能源效率也均为1，处于全要素能源效率的前沿面。东部沿海综合经济区的江苏、北部沿海综合经济区的天津，都已经处于工业化后期，其全要素能源效率在2002~2017年表现出总体提升的过程。2012年后，这2个省（市）全部进入能源效率前沿面，反映出经济增长和能源效率的同步性。工业化进程正在加速的黄河中游综合经济区的陕西、山西，长江中游综合经济区的湖北、安徽，大西北综合经济区的宁夏、新疆，全要素能源效率大致呈现递减的态势。这说明在30个省（区、市）中，其全要素能源效率与地区的经济发展水平大致呈现U形关系。

各省（区、市）全要素能源效率与经济发展的U形关系，说明了在各省（区、市）工业化初期阶段，虽然其节能技术水平与效率低下，但因为其经济增长总量较低，工业内部高耗能产业的规模相对较小，对能源终端需求总量不大，所以其能源效率高。在工业化中期，经济总量快速增长，而能源节能水平和先进生产工艺未能同步更新，导致其终端能源消费量迅速增加，能源效率低下。到工业化中后期，由于区域市场垄断的减弱、区域技术的外溢、企业节能机制的形成，工业行业内部的高耗能产业规模报酬递增作用凸显，全要素能源效率也显著提高。

表 4-1　2000~2017 年 30 个省（区、市）全要素能源效率值

经济区	省（区、市）	2000年	2001年	2002年	2003年	2004年	2005年	2006年	2007年	2008年	2009年	2010年	2011年	2012年	2013年	2014年	2015年	2016年	2017年
北部沿海	北京	1.000	1.000	1.000	1.000	1.000	1.000	1.000	1.000	1.000	1.000	1.000	1.000	1.000	1.000	1.000	1.000	1.000	1.000
	天津	1.000	1.000	0.736	0.849	0.760	0.854	0.915	0.873	0.934	0.941	0.907	0.925	0.917	1.000	1.000	1.000	1.000	1.000
	河北	0.771	0.808	0.625	0.605	0.583	0.519	0.388	0.397	0.409	0.419	0.416	0.405	0.408	0.417	0.415	0.421	0.426	0.430
	山东	0.775	0.940	0.659	0.652	0.648	0.589	0.592	0.587	0.604	0.608	0.619	0.615	0.609	0.707	0.713	0.706	0.710	0.712
黄河中游	陕西	0.774	0.759	0.717	0.649	0.632	0.620	0.535	0.531	0.535	0.529	0.525	0.512	0.526	0.559	0.547	0.531	0.524	0.522
	山西	0.569	0.558	0.368	0.388	0.391	0.286	0.253	0.251	0.261	0.271	0.345	0.347	0.345	0.346	0.342	0.354	0.355	0.546
	河南	1.000	1.000	0.801	0.768	0.705	0.704	0.527	0.539	0.540	0.546	0.547	0.540	0.551	0.576	0.575	0.580	0.604	0.617
	内蒙古	1.000	1.000	0.617	0.486	0.392	0.345	0.356	0.407	0.411	0.405	0.412	0.401	0.399	0.453	0.445	0.436	0.427	0.417
东北	辽宁	1.000	1.000	0.445	0.682	0.633	0.507	0.524	0.551	0.557	0.555	0.568	0.548	0.544	0.616	0.595	0.583	1.000	1.000
	吉林	0.903	0.886	0.565	0.730	0.739	0.501	0.518	0.579	0.568	0.576	0.589	0.588	0.603	0.643	0.643	0.657	0.670	0.693
	黑龙江	1.000	1.000	1.000	1.000	1.000	1.000	0.582	0.596	0.601	0.630	0.630	0.613	0.592	0.601	0.617	0.621	0.627	0.627
东部沿海	上海	1.000	1.000	1.000	1.000	1.000	1.000	1.000	1.000	1.000	1.000	1.000	1.000	1.000	1.000	1.000	1.000	1.000	1.000
	江苏	0.963	0.973	0.930	0.919	0.864	0.830	0.834	0.836	0.852	0.858	0.865	0.858	0.854	1.000	1.000	1.000	1.000	1.000
	浙江	0.836	0.871	0.855	0.812	0.819	0.851	0.853	0.862	0.867	0.873	0.873	0.858	0.866	0.814	0.830	0.815	0.816	0.809
南部沿海	福建	1.000	1.000	1.000	1.000	1.000	0.909	0.912	0.929	0.912	0.897	0.894	0.871	0.880	0.862	0.837	0.855	0.876	0.892

续表

经济区	省(区、市)	2000年	2001年	2002年	2003年	2004年	2005年	2006年	2007年	2008年	2009年	2010年	2011年	2012年	2013年	2014年	2015年	2016年	2017年
南部沿海	广东	1.000	1.000	1.000	1.000	1.000	1.000	1.000	1.000	1.000	1.000	1.000	1.000	1.000	1.000	1.000	1.000	1.000	1.000
	海南	1.000	1.000	1.000	1.000	1.000	1.000	1.000	1.000	1.000	1.000	1.000	1.000	1.000	1.000	1.000	1.000	1.000	1.000
长江中游	湖北	0.725	0.737	0.726	0.744	0.731	0.742	0.524	0.524	0.539	0.552	0.550	0.526	0.517	0.564	0.569	0.580	0.584	0.589
	湖南	0.966	0.939	0.875	0.867	0.822	0.775	0.576	0.550	0.565	0.581	0.573	0.545	0.550	0.595	0.605	0.612	0.619	0.626
	江西	1.000	1.000	0.786	0.676	0.680	0.731	0.734	0.755	0.758	0.750	0.750	0.729	0.737	0.676	0.662	0.648	0.648	0.640
	安徽	0.956	0.994	0.905	0.807	0.756	0.682	0.658	0.676	0.668	0.665	0.670	0.649	0.645	0.604	0.610	0.608	0.613	0.615
大西南	云南	0.779	0.827	0.806	0.752	0.723	0.633	0.457	0.470	0.475	0.490	0.488	0.480	0.464	0.474	0.458	0.465	0.467	0.480
	贵州	0.273	0.504	0.360	0.326	0.318	0.342	0.243	0.287	0.296	0.303	0.487	0.462	0.419	0.405	0.382	0.355	0.358	0.367
	四川	0.760	0.750	0.695	0.663	0.682	0.661	0.523	0.518	0.517	0.518	0.528	0.520	0.527	0.548	0.550	0.558	0.563	0.573
	重庆	0.788	0.746	0.643	0.610	0.575	0.561	0.567	0.516	0.513	0.515	0.513	0.509	0.518	0.584	0.574	0.576	0.588	0.602
	广西	0.936	0.988	0.950	0.900	0.820	0.731	0.626	0.652	0.643	0.634	0.620	0.604	0.600	0.581	0.572	0.567	0.561	0.553
大西北	甘肃	0.399	0.763	0.534	0.542	0.541	0.528	0.371	0.383	0.390	0.411	0.538	0.502	0.479	0.464	0.438	0.431	0.445	0.730
	青海	1.000	1.000	1.000	1.000	1.000	1.000	1.000	1.000	1.000	1.000	1.000	1.000	1.000	1.000	1.000	1.000	1.000	1.000
	宁夏	1.000	1.000	1.000	1.000	0.600	0.676	0.689	0.689	0.713	0.702	0.705	0.743	0.776	0.790	0.808	0.765	0.736	0.704
	新疆	0.671	0.643	0.425	0.463	0.423	0.384	0.377	0.376	0.376	0.364	0.525	0.495	0.446	0.404	0.382	0.376	0.365	0.355

为了更加清晰地划分30个省（区、市）能源利用效率模式，本部分基于2017年30个省（区、市）截面数据，按照全要素能源效率和能源投入量2个指标基于GIS地理信息系统，使用自然间断点和几何间隔法进行分类。30个省（区、市）按上述2个指标大致可划分为八类（具体见表4-2），其中能源高投入、高效率地区，能源高投入、中效率地区，能源高投入、低效率地区，能源中投入、中效率地区，能源中投入、低效率地区，共计五类地区的全要素能源效率最值得关注。

表4-2 2017年30个省（区、市）按能源效率与能源投入量2个指标分类

	高投入	中投入	低投入
高效率	江苏、广东、辽宁、浙江	天津、上海、福建	海南、青海、北京
中效率	山东、河南、四川	江西、重庆、广西、黑龙江、陕西、安徽、湖南、山西、湖北	宁夏、甘肃、吉林
低效率	河北、内蒙古	贵州、云南、新疆	

1.高投入、高效率地区

这类地区包括东部沿海综合经济区的江苏、浙江，南部沿海经济区的广东，东北综合经济区的辽宁共计4个省，涉及八大经济区的3个区。2017年这4个省的能源消费量占中国能源消费量的22.72%。这类地区能源消费总量大，2017年其中3个省（除浙江）的全要素能源效率维持在30个省（区、市）的能源效率前沿面上，东部沿海综合经济区的浙江能源效率为0.809。这4个省对中国能源消费总量的调控作用非常明显，应为中国实施节能计划的重点地区，在能源政策方面应将继续提高能源效率作为首要任务。

2.高投入、中效率地区

这类地区涉及北部沿海综合经济区的山东、黄河中游综合经济区的河南、大西南综合经济区的四川。山东的全要素能源效率在2000~2017年大多在0.7左右波动，四川的全要素能源效率由2000年的0.760下降到2017年的0.573，河南的全要素能源效率由2000年的1.000下降到2017年的0.617。如果这3个省进入全要素能源效率前沿面，2017年

可节约标煤量分别为1.14亿吨、0.88亿吨和0.89亿吨，共计2.91亿吨标煤，是2017年吉林、甘肃、北京、宁夏、青海和海南6个低投入省（区、市）能源消费量的总和。河南和四川作为能源及其他重要矿产资源开采和加工基地，产业经济整体结构表现出明显的重化工特征，能源、冶炼行业对两省工业增加值的贡献率越来越大。两省资源型产业、原料型产业，深加工能力不足，产业链短，煤炭消费以煤的传统利用为主，燃煤设施落后。

3. 高投入、低效率地区

能源高投入、低效率地区包括河北、内蒙古2个省（区），2个省（区）分别属于北部沿海综合经济区与黄河中游综合经济区。这2个省（区）能源消耗量较大，全要素能源效率水平低，能源投入浪费多。这类地区应当是国家强化节能目标管理的重点地区，2017年河北和内蒙古的全要素能源效率分别为0.430和0.417。这2个省（区）也是2017年测算出的30个省（区、市）中节能潜力最大的2个地区。如果这2个省（区）进入全要素能源效率前沿面，2017年可节约标煤量分别为1.71亿吨和1.17亿吨，可节能潜力总量为2017年中国能源消费量的6.2%。河北、内蒙古的全要素能源效率在2000~2017年处于下降通道中，缺乏有效的自动调节机制。

4. 中投入、中效率地区

这类省（区、市）在基于2个指标划分的八类地区中占比最高，共计9个省（区、市），分别为黄河中游综合经济区的陕西、山西，长江中游综合经济区的湖北、湖南、江西、安徽，东北综合经济区的黑龙江，大西南综合经济区的重庆、广西，涉及八大经济区中的4个经济区，占30个省（区、市）的30%。湖南、安徽和广西的能源效率在2017年分别为0.626、0.615和0.553，而在2000年其能源效率分别为0.966、0.956和0.936。这3个省（区）在考察的18年间从高能源效率区落入中能源效率区。能源投入量的绝对量大，2017年，湖南和安徽终端能源消费总量分别占中国能源消费总量的3.45%和2.81%。江西和黑龙江在2000年全要素能源效率都为1.000，在2000~2017年其全要素能源效率相对于处在能源效率前沿面的省（区、市）也一直处于下降通道，由处在能源效率前沿面跌落到中效率地区段。江西在这类地区中具有代表性。江西能源消费目前以煤炭为主，煤炭消费量占全省能源消费总量的近 67%。过度依赖煤炭不仅降低能源综合利用效率，而且严重污染环境。以煤炭为主的能源构成以及 60% 以上的燃煤在陈旧的设备和炉灶中沿用落后的技术被直接燃烧使用，成为大气污染物和温室气体排放的主要根源，这一因素便会直接导致江西全要素能源效率的低下。江西产业结构目前也表现出重工业化，江西经济以工业为主体，第三产业占比低。2017 年，江西工业占当地 GDP 的比重比全国平均水平高 5.4 个百分点，第三产业比重比全国低 11.2 个百分点。工业发展具有高度的能源依赖性，工业能源消费占能源消费总量的 70%，工业单位产出所消耗的能源资源是第三产业的 3 倍。同时，江西工业重工业化特征明显，高耗能行业比重偏高的产业结构带来能源消费高度集中，六大高耗能行业能源消费占工业的 85%。

5. 中投入、低效率地区

云南和新疆能源效率在 2017 年分别为 0.480 和 0.355，而其 2000 年的能源效率分别为 0.779 和 0.671。2000~2017 年，其能源效率相对于其他省（区、市）处于能源效率的下降通道中，从中能源效率区落入低能源效率区。贵州的全要素能源效率从 2000 年的 0.273 提升到 2017 年的 0.367，处于能源效率的上升通道中，但其上升速度相对于处于能源效率前沿面的省（区、市）不高，18 年间持续处于低效率地区段。这 3 个省（区）仍以数量型经济增长为模式，是传统的以增加生产要素投入强调增长速度的增长方式，这类省（区）在向质量型经济增长方式转变时，具有很大的能源效率提升空间和节能潜力。

本书借助 DEAP 软件计算了 30 个省（区、市）2000~2017 年的能源效率目标值，进而计算出效率值和调整量，表 4-3 和表 4-4 显示了历年不在能源效率前沿面的省（区、市）2000~2017 年能源消费总量的调整量。从调整量看，随着中国经济的快速发展，30 个省（区、市）的能源消费总量也迅速增加，各省（区、市）的实际消费量与目标消费量间的差

表 4-3　2000~2008 年 30 个省（区、市）能源调整量

单位：万吨标煤

经济区	省（区、市）	2000 年	2001 年	2002 年	2003 年	2004 年	2005 年	2006 年	2007 年	2008 年
北部沿海	北 京	0.000	0.000	0.000	0.000	0.000	0.000	0.000	0.000	0.000
	天 津	0.000	0.000	798.504	484.842	885.842	601.146	384.952	630.118	353.999
	河 北	2263.052	1996.833	4341.620	5320.682	6575.130	9503.640	13266.773	14229.753	14368.092
	山 东	2560.135	595.505	4974.784	5854.628	6916.193	9713.224	10667.605	12035.801	12120.323
黄河中游	陕 西	617.882	783.924	1051.361	1462.866	1756.579	2060.524	2746.836	3175.364	3447.124
	山 西	2898.056	3523.141	5899.121	6359.805	6852.447	8791.700	10084.329	11690.606	11591.582
	河 南	0.000	0.000	1798.529	2454.027	3859.910	4335.356	7678.694	8229.742	8726.192
	内蒙古	0.000	0.000	1746.128	2970.941	4637.902	6316.950	7185.323	7577.658	8306.276
东北	辽 宁	0.000	0.000	5887.319	3579.812	4792.334	7245.714	7556.008	7420.798	7879.333
	吉 林	363.987	440.108	1971.856	1399.131	1460.352	2972.543	3190.130	2757.519	3116.439
	黑龙江	0.000	0.000	0.000	0.000	0.000	0.000	3645.764	3785.767	3981.940
东部沿海	上 海	0.000	0.000	0.000	0.000	0.000	0.000	0.000	0.000	0.000
	江 苏	315.017	239.202	675.191	893.420	1860.572	2868.319	3102.791	3431.375	3279.794
	浙 江	1077.712	841.565	1196.586	1786.329	1954.747	1791.520	1941.640	2010.729	2014.972
南部沿海	福 建	0.000	0.000	0.000	0.000	0.000	557.518	603.165	539.942	730.397

续表

经济区	省（区、市）	2000 年	2001 年	2002 年	2003 年	2004 年	2005 年	2006 年	2007 年	2008 年
南部沿海	广东	0.000	0.000	0.000	0.000	0.000	0.000	0.000	0.000	0.000
	海南	0.000	0.000	0.000	0.000	0.000	0.000	0.000	0.000	0.000
长江中游	湖北	1723.836	1591.785	1836.821	1971.527	2453.703	2541.320	5135.272	5775.978	5923.861
	湖南	136.808	284.106	532.742	738.796	1271.611	2046.152	4185.553	5231.938	5371.293
	江西	0.000	0.000	628.501	1108.327	1221.713	1152.661	1239.856	1240.503	1301.965
	安徽	213.788	33.188	505.787	1055.622	1467.241	2073.407	2429.879	2504.717	2764.356
大西南	云南	767.758	602.355	800.213	1103.971	1442.639	2211.677	3608.565	3779.225	3944.065
	贵州	3108.912	2199.548	2858.630	3729.451	4287.300	4228.854	5331.002	4850.313	4989.931
	四川	1562.734	1699.161	2291.449	3104.538	3400.989	3829.187	5982.895	6851.810	7310.748
	重庆	515.628	764.777	951.259	1172.382	1526.799	1914.961	2046.187	2875.560	3153.727
	广西	170.869	32.577	156.445	353.046	758.472	1342.340	2060.166	2084.720	2320.496
大西北	甘肃	1810.363	689.878	1480.563	1614.389	1792.872	2059.778	2985.264	3151.058	3263.478
	青海	0.000	0.000	0.000	0.000	0.000	0.000	0.000	0.000	0.000
	宁夏	0.000	0.000	0.000	0.000	929.388	812.941	872.422	957.246	927.231
	新疆	1095.824	1249.643	2141.499	2244.483	2834.479	3390.535	3766.888	4101.233	4411.427

表 4-4　2009~2017 年 30 个省（区、市）能源调整量

单位：万吨标煤

经济区	省（区、市）	2009 年	2010 年	2011 年	2012 年	2013 年	2014 年	2015 年	2016 年	2017 年
北部沿海	北 京	0.000	0.000	0.000	0.000	0.000	0.000	0.000	0.000	0.000
	天 津	347.466	630.692	570.899	681.941	0.000	0.000	0.000	0.000	0.000
	河 北	14765.061	16071.130	17551.330	17900.458	17305.753	17165.082	17027.629	17113.025	17110.199
	山 东	12701.623	13276.801	14297.772	15221.205	10352.587	10479.232	11163.362	11240.225	11479.154
黄河中游	陕 西	3791.323	4217.671	4758.944	5038.789	4677.620	5080.338	5497.482	5765.975	6016.732
	山 西	11356.847	11014.129	11964.876	12670.405	12929.899	13059.998	12523.326	12522.200	8709.805
	河 南	8963.520	9714.245	10607.925	10619.418	9285.031	9717.852	9719.849	9158.423	8895.460
	内蒙古	9122.601	9893.649	11220.842	11899.470	9674.266	10168.347	10678.259	11153.863	11695.407
东北	辽 宁	8508.147	9059.577	10264.950	10718.874	8343.018	8832.622	9043.768	0.000	0.000
	吉 林	3264.050	3410.983	3747.855	3744.575	3085.283	3056.965	2796.495	2647.998	2376.762
	黑龙江	3876.544	4152.532	4685.631	5209.798	4728.186	4580.670	4592.164	4583.135	4639.312
东部沿海	上 海	0.000	0.000	0.000	0.000	0.000	0.000	0.000	0.000	0.000
	江 苏	3366.254	3489.653	3910.562	4208.334	0.000	0.000	0.000	0.000	0.000
	浙 江	1972.649	2143.143	2532.433	2420.708	3461.223	3204.675	3629.783	3727.175	4013.262
南部沿海	福 建	921.897	1037.786	1377.622	1341.194	1539.291	1969.769	1765.073	1536.547	1352.394

续表

经济区	省（区、市）	2009年	2010年	2011年	2012年	2013年	2014年	2015年	2016年	2017年
南部沿海	广东	0.000	0.000	0.000	0.000	0.000	0.000	0.000	0.000	0.000
	海南	0.000	0.000	0.000	0.000	0.000	0.000	0.000	0.000	0.000
长江中游	湖北	6140.514	6815.215	7856.170	8529.459	6841.058	7040.871	6889.888	7004.081	7031.868
	湖南	5582.927	6356.148	7354.865	7541.046	6048.080	6048.124	5999.532	6015.000	6001.331
	江西	1450.397	1591.019	1880.876	1903.475	2453.139	2723.286	2966.959	3081.802	3283.767
	安徽	2976.667	3206.940	3712.148	4035.691	4634.072	4682.664	4833.821	4908.312	5030.903
大西南	云南	4096.344	4444.562	4964.468	5592.241	5299.118	5668.244	5538.951	5677.197	5595.391
	贵州	5276.985	4192.085	4882.847	5737.416	5534.506	6001.273	6420.947	6566.717	6639.743
	四川	7873.717	8441.927	9462.682	9726.589	8675.087	8949.184	8784.929	8889.723	8802.532
	重庆	3412.717	3825.990	4320.029	4468.397	3349.976	3657.801	3784.937	3792.171	3794.492
	广西	2585.979	3008.518	3404.213	3664.842	3813.903	4075.182	4222.962	4435.260	4646.218
大西北	甘肃	3227.714	2734.451	3232.686	3647.837	3905.144	4230.168	4278.937	4073.753	1955.684
	青海	0.000	0.000	0.000	0.000	0.000	0.000	0.000	0.000	0.000
	宁夏	1008.209	1086.356	1107.828	1022.362	1002.401	949.546	1267.631	1477.165	1758.527
	新疆	4783.370	3936.625	5009.852	6556.776	8121.322	9221.396	9767.506	10351.109	10989.758

额（即调整量）在逐年扩大，30个省（区、市）总的能源调整量由2000年的2.1202亿吨标煤上升到2017年的14.1818亿吨标煤，绝对量的调整上升趋势明显。在由30个省（区、市）构成的能源效率前沿面上，能源调整量主要集中在北部沿海综合经济区的河北、山东，黄河中游综合经济区的山西、河南、内蒙古，大西南综合经济区的四川，大西北综合经济区的新疆，这7个省（区）2017年的能源调整量都在0.8亿吨标煤以上 。

第三节 小 结

研究结果表明：在研究的30个省（区、市）中，其绿色全要素能源效率与30个省（区、市）经济增长的阶段表现出U形关系。按照投入导向型DEA模型的计算数据来看，依据2017年30个省（区、市）的能源消费总量，以处于当年能源效率前沿面的东部沿海综合经济区的上海、北部沿海综合经济区的北京、南部沿海经济区的广东为能源效率基准值，中国30个省（区、市）在2017年可以节约14亿吨标煤，这个可节约量占2017年30个省（区、市）能源消费总量的30.17%。

30个省（区、市）全要素能源效率在实证期间提高并不显著，进入能源效率前沿面的省（区、市）由2000年的13个减少到2017年的8个。河南、内蒙古、黑龙江、福建、宁夏5个曾经进入能源效率前沿面的省（区）在2000年以后其全要素能源效率均退化到0.30~0.95。产业结构的调整与规模扩张对各省（区、市）绿色全要素能源效率的促进作用在GDP质量增长模式的调整中才能凸显，这种调整要以提升企业创新能力、完善市场治理结构的制度建设为核心。

在考察期间，30个省（区、市）的绿色全要素能源效率趋于发散。基于绿色全要素能源效率和终端能源消费总量，对各省（区、市）能源利用效率进行分类，结果表明，高投入、高效率地区包括东部沿海综合经济区的江苏、浙江，南部沿海经济区的广东，东北综合经济区的辽宁共计4个省；高投入、中效率地区涉及北部沿海综合经济区的山东、黄河中游综合经济区的河南、大西南综合经济区的四川；高投入、低效率地区包括北部沿海综合经济区的河北、黄河中游综合经济区的内蒙古 2 个省（区）；中投入、中效率地区包括黄河中游综合经济区的陕西、山西，长江中游综合经济区的湖北、湖南、江西、安徽，东北综合经济区的黑龙江，大西南综合经济区的重庆、广西，共计 9 个省（区、市）；中投入、低效率地区包括大西南综合经济区的云南、贵州和大西北综合经济区的新疆 3 个省（区），这 3 个省（区）应是中国实施能源效率监控的重点地区。

第五章

省域能源效率影响因素的差异化比较

利用中国30个省（区、市）2000~2017年的面板数据，构建省际资源禀赋、能源消费结构、技术进步、产业结构、外商参与度等能源效率影响因素对省域全要素能源效率的等斜率模型和变系数面板模型，考察能源效率影响因素对省域能源效率影响的差异性。

第一节　全要素能源效率影响因素计量模型与数据

一　指标及数据的选取

（一）全要素能源效率

以省际2000年不变GDP、非期望产出二氧化硫排放量为输出变量，以资本存量、劳动力、能源消费量为输入变量。松弛调整量计算采用多步方法，进行投入导向型DEA分析，获得30个省（区、市）全要素能源效率指数（*TFEE*）。各省（区、市）资本存量数值以2000年为基准年，将各省（区、市）各年的固定资产投资额转换为以2000年为基准价格的投资额，30个省（区、市）固定资本形成总额的经济折旧率δ为9.6%（张军等，2004）。

（二）技术进步

技术进步基于考察全要素生产率（TFP）增长的Malmquist生产力指数（MPI）分解获取。Malmquist指数可用Shephard距离函数将全要素生产效率分解为技术进步指数（*TECHCH*）、纯技术效率指数

（*PECH*）。测算 30 个省（区、市）技术进步所用数据来源和所用投入产出要素指标与计算环境约束下的全要素能源效率的指标一样，然后通过使用 Malmquist 生产力指数分解法，将 30 个省（区、市）全要素生产率分解到技术进步指数层面；其中分解出的技术进步指数就是书中所采用的能源效率影响因素之一。

从能源供给来看，在能源加工、转换、运输方面，技术水平在每个环节都对能源强度产生了重要影响。技术水平通过影响一次能源开发，以及一次能源转换为可直接消费能源的效率、能源输送中的损失等对能源强度产生影响。从能源需求来看，全国和各省（区、市）的各种节能专项规划中包括工业节能、建筑节能、交通运输节能、公共机构节能、商业节能多个行业，对电力、钢铁、有色金属、建材、石油加工、化工、煤炭等主要耗能行业的耗能设施设备实行节能改造；淘汰落后的生产工艺、设施和设备，筹集节能专项资金用于节能技术和产品的研发、示范和推广，都将对能源效率产生影响。以机器、设备对能源效率的影响为例，中国火力发电中占很大比例的中小型发电机组的发电煤耗为 500gtce/kWh，而现代化的 60 万千瓦的火电机组的发电煤耗为 310gtce/kWh。大型流化床燃烧工业锅炉和煤粉工业锅炉，可使煤炭的有效利用率达到 90% 以上；而小型层燃锅炉，煤炭的有效利用率只有 60%～70%，甚至更低，因此技术因素被作为影响能源效率的一个核心因素引入省域全要素能源效率计量模型。

（三）第三产业增加值占比

第三产业增加值占比（*THIRDSHARE*）用各省（区、市）第三产业增加值占 GDP 的比重来表示。产业结构变化对能源强度的影响主要体现在各产业能源消耗密度不同，如果能源消耗密度高的产业在国民经济中占有较大的比重且上升较快，那么能源强度就会因此提高，反之，能源强度就会降低。

（四）工业增加值占比

工业增加值占比（*INDUSSHARE*）用各省（区、市）工业增加值占 GDP 的比重来表示。工业由于能源消耗量大，也是消耗能源的主要行业。

（五）终端能源消费量电力占比

能源消费结构在两个方面对能源强度产生影响。一是不同能源品种过程效率的差异。不同能源品种在从原始形态转换为有效能的过程中效率差异性是很大的。在一次能源品种中，中国煤炭的利用效率约为 27%，原油的利用效率约为 50%，天然气的利用效率约达 57%，电的利用效率约为 85%。在经济生产活动中，对经济产出产生作用的是有效能，而计算能源强度所使用的是投入的能源量。由此可知，过程效率的差异造成了不同能源品种的产出效率差异。二是不同能源品种单位有效能创造经济产出的差异。随着产业结构的升级，高附加值产业对能源品种的需求也会升级，而高附加值产业明显比低附加值产业具有更大的产出量。因此，同样热当量的不同能源品种对经济产出的支持度是不同的。

因此，为了衡量能源消费结构对能源强度的影响在于不同能源品种的品质差异，使用终端能源消费电力占比（*ELECSHARE*）来表示能源消费结构对全要素能源效率造成的影响。

（六）煤炭储量

各省（区、市）煤炭储量（*COALS*）用来表示各省（区、市）资源禀赋的差异程度。中国是以一次能源煤炭消费为主的国家，中国能源总体上呈多煤、贫油、少气的特征。我们预期煤炭资源禀赋高的省（区、市）将导致其能源利用效率低下，煤炭储量少是造成全要素能源效率低的一个主要原因。

（七）规模以上工业企业平均规模

各省（区、市）规模以上工业企业平均规模（*SCALE*）使用各省（区、市）规模以上企业利润总额与各省（区、市）规模以上工业企业单位数比值来表示。2017 年末，全国规模以上工业企业数量为 37 万家，相对于 2000 年的 16 万家企业，增加了 21 万家。2000~2017 年全国规模以上工业企业数量年均增长率为 5.05%。从中国 30 个省（区、市）企业数来看，2000~2017 年，大多数省（区、市）的规模以上工业企业数量也都呈现大幅增加趋势，各省（区、市）规模以上工业企业数和平均规模在各省（区、市）差异较大。2000~2017 年，上海市规模以上工业企业数年均增长率为 -0.32%，由 2000 年的 8574 家减少到 2017 年的 8122 家，但其平均规模却由 2000 年的 0.046 亿元增至 2017 年的 0.399 亿元。这间接说明部分省（区、市）规模以上工业企业数的减少会导致平均规模扩大，因此规模以上工业企业的平均规模明显将对省域能源效率的差异化产生影响。

（八）外商参与度

外商参与度（*FBP*）用外商及港澳台商投资的工业企业的工业销售产值占工业企业总工业销售产值的比重表示。从此指标来看，2017 年外商参与度最高的地区为上海，外商参与度高达 61.19%；同年外商参与度较低的地区为新疆和甘肃，外商参与度分别为 2.35% 和 2.15%。

各变量的统计性描述见表 5-1。

表 5-1　各变量的统计性描述（2000~2017 年）

变量	均值	中值	最大值	最小值	标准差	单位	观察值
TFEE	70.5174	66.8762	100	24.3293	22.0852	%	540
TECHCH	104.1415	104.5	172.5	87.8	6.3197	%	540
THIRDSHARE	41.2771	39.5	80.56	28.6	8.4114	%	540
INDUSSHARE	3.7031	3.6763	4.389	3.3534	0.178	%	540
ELECSHARE	13.3272	12.5151	24.4875	6.6684	3.6586	%	540
COALS	97.3382	25.555	1061.51	0	206.1168	%	540
SCALE	13.3377	10.2252	62.6329	4.2779	11.5444	亿元	540
FBP	19.4956	13.5188	65.777	1.4911	16.8192	%	540

二　数据来源

实证分析使用的样本时间段为 2000~2017 年，环境约束下的 30 个省（区、市）全要素能源效率和技术进步数据来源于本书测算。各省（区、市）第三产业增加值占比、工业增加值占比、终端能源消费结构数据、煤炭储量数据、规模以上工业企业规模的相关数据来自《中国统计年鉴》（2000~2018 年）、《中国贸易外经统计年鉴》（2015~2018 年）、各省（区、市）的统计年鉴（2000~2018 年）、中宏数据库（China

Macroeconomic DataBase）和中国统计年鉴支持系统数据库（China Statistical Yearbooks Service System）、中国统计数据应用支持系统数据库（ACMR）、国研网统计数据库；部分能源数据来源于30个省（区、市）统计年报。非标量能源换算标准煤参考系数来源于《中国能源统计年鉴2017》。中国各省（区、市）GDP产出数据均折算为2000年的不变价格。

三　单位根和协整检验

由于经济变量往往是非平稳的，所以在进行其他的各种计量分析前，本书要对数据进行协整检验，这样得到的各种模型才是可信的。为了减小异方差性，在分析之前，对各变量进行对数化处理。本书在各变量前面加上字母ln表示相应变量的对数化指标，比如用ln（*SCALE*）代表对数化的规模以上工业企业平均规模指标，用ln（*ELECSHARE*）代表对数化的终端能源消费量电力占比等。

面板数据检验是指对面板数据进行单位根过程的检验，它是指将面板数据的各横截面序列作为一个整体进行单位根检验。面板数据单位根检验的主要方法有IPS（Im et al.，2003）、LLC（Levin et al.，2002）、Hadri（2000）、Breitung（2001）、Fisher-ADF（Maddala and Wu，1999），本部分采用LLC检验和Fisher-ADF检验。单位根检验的结果（见表5-2）显示，各变量的水平值序列是非平稳序列，各原始变量一阶差分变量均在1%的显著性水平下是平稳序列，即各变量都具有一阶单整性。这样，后面的协整分析就有可能得以进行，变量之间就有可能存在协整关系。

表5-2　面板单位根检验结果

变量	LLC检验	Fisher-ADF检验
ln（*TFEE*）	-3.8582**（0.0229）	63.6626（0.0928）
Δ ln（*TFEE*）	-15.3678***（0.0000）	281.007***（0.0000）
ln（*TECHCH*）	-1.8992（0.0588）	79.4472**（0.0472）

续表

变量	LLC 检验	Fisher-ADF 检验
Δ ln（*TECHCH*）	−6.9707*** （0.0000）	241.6040*** （0.0000）
ln（*COALS*）	−0.6121（0.2702）	28.2101（0.9998）
Δ ln（*COALS*）	−8.4657*** （0.0000）	170.9300*** （0.0000）
ln（*ELECSHARE*）	0.8445（0.8008）	18.4267** （1.0000）
Δ ln（*ELECSHARE*）	−9.3806*** （0.0000）	212.2410*** （0.0000）
ln（*FBP*）	−1.4173（0.0782）	44.6509（0.9306）
Δ ln（*FBP*）	−13.6708*** （0.0000）	274.409*** （0.0000）
ln（*INDUSSHARE*）	−0.4742（0.3177）	48.7558（0.8501）
Δ ln（*INDUSSHARE*）	−3.3485*** （0.0004）	87.7595*** （0.0025）
ln（*SCALE*）	−8.6786** （0.0456）	82.3589（0.0293）
Δ ln（*SCALE*）	−10.0842*** （0.0000）	164.0460*** （0.0000）
ln（*THIRDSHARE*）	6.0504*** （1.0000）	10.7913*** （1.0000）
Δ ln（*THIRDSHARE*）	−4.3539*** （0.0000）	116.8300*** （0.0000）

注：***、** 分别代表在 1%、5% 的水平下显著。“Δ” 表示差分，比如 Δ ln（*TECHCH*）就表示变量 ln（*TECHCH*）的一阶差分。

协整检验方法主要包括 Kao（1999）、Kao 和 Chiang（2000）、Pedroni（1999）、Larsson 等（2001）提出的方法。Pedroni 的检验方法允许异质面板的存在，在零假设是在动态多元面板回归中没有协整关系的条件下给出 7 种基于残差的面板协整检验方法。本书采用 Kao 检验和 Pedroni 检验，检验的四组变量组合结果见表 5-3。

表 5-3 面板协整检验统计

变量	统计量		检验 p 值
ln（*TFEE*） ln（*TECHCH*） ln（*COALS*） ln（*ELECSHARE*） ln（*FBP*）	Panel v-Statistic	−0.7089	0.0108
	Panel rho-Statistic	0.9900	0.0389
	Panel PP-Statistic	−3.4584	0.0003
	Panel ADF-Statistic	−4.0020	0.0000
	Group rho-Statistic	3.1528	0.0000

续表

变量	统计量		检验 p 值
ln（*SCALE*） ln（*THIRDSHARE*）	Group PP-Statistic	−5.1632	0.0000
	Group ADF-Statistic	−3.6747	0.0001
ln（*TFEE*） ln（*TECHCH*） ln（*ELECSHARE*） ln（*FBP*） ln（*INDUSSHARE*） ln（*SCALE*） ln（*THIRDSHARE*）	Panel v-Statistic	−4.2374	0.0003
	Panel rho-Statistic	5.1117	0.0097
	Panel PP-Statistic	−4.0925	0.0000
	Panel ADF-Statistic	−4.6782	0.0000
	Group rho-Statistic	6.9177	0.0000
	Group PP-Statistic	−12.3892	0.0000
	Group ADF-Statistic	−5.5999	0.0000
ln（*TFEE*） ln（*TECHCH*） ln（*COALS*） ln（*ELECSHARE*） ln（*FBP*） ln（*INDUSSHARE*） ln（*THIRDSHARE*）	Panel v-Statistic	−4.4381	0.0000
	Panel rho-Statistic	6.2314	0.0000
	Panel PP-Statistic	−4.6179	0.0000
	Panel ADF-Statistic	−3.8420	0.0001
	Group rho-Statistic	8.0016	0.0025
	Group PP-Statistic	−13.8574	0.0000
	Group ADF-Statistic	−4.1239	0.0000
ln（*TFEE*） ln（*TECHCH*） ln（*COALS*） ln（*ELECSHARE*） ln（*FBP*） ln（*INDUSSHARE*） ln（*SCALE*） ln（*THIRDSHARE*）	Panel v-Statistic	−4.8567	0.0000
	Panel rho-Statistic	6.3309	0.0000
	Panel PP-Statistic	−9.1118	0.0000
	Panel ADF-Statistic	−4.3174	0.0000
	Group rho-Statistic	8.1163	0.0000
	Group PP-Statistic	−18.7534	0.0000
	Group ADF-Statistic	−6.2417	0.0000

以上两种检验方法的原假设是不存在协整关系，通过以上 Kao 检验和 Pedroni 检验的 p 值我们可以看出，四组变量中，两种检验方法的检验结果各统计量均在 1% 的显著性水平下拒绝了变量间不存在协整关系的原假设，即各一阶单整变量存在均衡关系，可以建立四组变量的面

板数据的弹性模型。

第二节　省域能源效率影响因素的固定效应模型分析

本节以技术进步、第三产业增加值占比、工业增加值占比、终端能源消费量电力占比、煤炭储量、规模以上工业企业平均规模、外商参与度 7 个能源效率影响因素作为自变量，以全要素能源效率作为因变量，构建了一个中国省域全要素能源效率面板模型。

$$\ln(TFEE_{it})=\varepsilon_{it}+a_1\ln(TECHCH_{it})+a_2\ln(THIRDSHARE_{it})+a_3\ln(INDUSSHARE_{it})+a_4\ln(ELECSHARE_{it})+a_5\ln(COALS_{it})+a_6\ln(SCALE_{it})+a_7\ln(FBP_{it}) \quad (5-1)$$

公式中：ln（*TFEE*）表示全要素能源效率的对数值；ln（*TECHCH*）表示技术进步的对数值；ln（*THIRDSHARE*）表示第三产业增加值占比的对数值；ln（*INDUSSHARE*）表示工业增加值占比的对数值；ln（*ELECSHARE*）表示终端能源消费量电力占比的对数值；ln（*COALS*）表示煤炭储量的对数值；ln（*SCALE*）表示规模以上工业企业平均规模的对数值；ln（*FBP*）表示外商参与度的对数值；a 表示需要估计的系数；i 表示各省（区、市），t 表示时间。

使用 30 个省（区、市）2000~2017 年的面板数据进行计量分析。采用固定效应方法对面板模型进行计量。从表 5-4 的计量模型结果来看，各模型方程估算结果平稳。模型中各自变量系数在 1% 或 5% 的显著性水平下通过计量检验，考察期内，技术进步、第三产业增加值占比、工业增加值占比、终端能源消费量电力占比、煤炭储量、规模以上工业企业平均规模、外商参与度 7 个能源效率影响因素变量系数的符号符合经济理论，但其对能源效率的影响差异性较大。

表 5-4　固定效应面板模型的估计结果

变量	模型 A	模型 B	模型 C	模型 D
ln（*TECHCH*）	0.3289*** （0.9766）	0.4231*** （0.9232）	0.3216*** （0.7682）	0.3262*** （0.9767）

续表

变量	模型 A	模型 B	模型 C	模型 D
ln（*COALS*）	-0.0520** （-7.3608）	—	-0.0509** （-7.2162）	-0.0512 （-7.3608）
ln（*ELECSHARE*）	0.2041*** （7.4688）	0.2040*** （9.6337）	0.1618*** （7.4273）	0.1539*** （7.4688）
ln（*FBP*）	0.1593*** （9.8435）	0.2291*** （16.5617）	0.1609*** （10.5061）	0.1611*** （9.8435）
ln（*INDUSSHARE*）	—	-0.1200*** （-1.9797）	-0.0959*** （-1.7054）	-0.0913*** （-6.2680）
ln（*SCALE*）	0.0130*** （0.7847）	0.0283** （0.1587）	—	0.0351*** （2.5862）
ln（*THIRDSHARE*）	0.1931** （2.5862）	0.1438*** （1.2636）	0.0497*** （0.4853）	0.0677** （3.3231）

注：***、** 分别表示在 1%、5% 的水平下显著，括号内数值代表 t 统计值。

从表 5-4 的回归模型结果看，各模型的整体拟合效果不错。对四个协整模型进行比较，可发现以下几点。

第一，全要素能源效率与其七大影响因素之间具有长期均衡关系。

第二，在模型 D 中，能源效率对技术进步的弹性为 0.326，说明中国行业技术进步对全要素能源效率的提高有显著的拉动作用；技术进步每提高 1 个百分点，就能使全要素能源效率提高 0.326 个百分点，在本部分所用的 7 个能源效率影响因素中，技术进步的弹性系数最高。

第三，规模以上工业企业平均规模在各模型中系数都很稳健，并且系数为正，规模以上工业企业平均规模在同行业全要素能源效率之间存在正向关系，即在模型 D 中，规模以上工业企业平均规模每增加 1 个百分点，全国全要素能源效率将会提高约 0.035 个百分点。

第四，代表资源禀赋的煤炭储量指标在模型 D 中统计不显著，在模型 A 和模型 C 中于 5% 的水平下显著，在模型 D 中的弹性系数为 -0.051，对能源效率的影响为负方向，这表明煤炭资源禀赋指标每增加 1 个百分点，全国全要素能源效率将降低 0.051 个百分点。

第五，外商参与度与全要素能源效率正相关。本书是以外商及港澳台商投资的工业企业的工业销售产值占工业企业总工业销售产值的比重代表外商参与度，结果显示，在模型 D 中，外商参与度每提高 1 个百分点，全要素能源效率显著提高 0.161 个百分点。这说明外资企业、港澳台企业和民营企业的发展壮大总体上有利于中国能源效率的提高。以上海和重庆为例，2000~2017 年，上海市外商及港澳台商投资工业企业的工业销售产值占工业企业总工业销售产值的比重呈现持续上升的趋势，其比重由 2000 年的 55% 提升到 2017 年的 61%。重庆的外商参与度也由 2000 年的 13.43% 提升到 2017 年的 22.93%，外商参与度提高的过程实际上也是中国工业企业产权的市场化程度逐渐加深的过程。

第六，工业增加值占比与全要素能源效率负相关，它是选取的 7 个能源效率影响因素中 2 个负相关指标之一。结果显示，在模型 D 中，工业增加值占比每提高 1 个百分点，将导致全要素能源效率降低 0.091 个百分点。

第七，终端能源消费量电力占比与全要素能源效率正相关。该指标在选择的 7 个能源效率影响指标中对全要素能源效率的影响系数排在第三，在 4 个模型中都在 1% 的水平下显著。在模型 D 中，终端能源消费量电力占比每增加 1 个百分点，中国全要素能源效率将提高 0.154 个百分点。

第八，第三产业增加值占比与全要素能源效率正相关，在模型 D 中，第三产业增加值占比指标每增加 1 个百分点，全国全要素能源效率将提高 0.068 个百分点。第三产业增加值占比这一因素，相对于技术进步、外商参与度 2 个因素，对能源效率的影响要小得多。

第三节　省域能源效率影响因素的变系数模型分析

由于要分析能源效率影响因素对省域能源效率的影响程度在各省（区、市）之间的差异，所以本节直接进行变系数模型的求解。

变系数模型分为固定效应变系数模型和随机效应变系数模型。通过 Hausman 检验可对面板数据模型进行模型设定检验。由于 Hausman 检验拒绝了随机效应变系数模型的原假设，故而本节选取固定效应模型开展分析。

变系数模型的基本形式如下：

$\ln Y_{it}=a_i+\beta_{it}\ln X_{it}+u_{it}$　$i=1, 2, \cdots, N;\ t=1, 2, \cdots, T$ （5-2）

其中，随机误差项 u_{it} 相互独立，且满足零均值、等方差的假设。

在此变系数模型中，常数项与系数向量都是随着横截面个体的改变而改变的，因此可以将变系数模型改写为：

$\ln Y_{it}=\delta_i\widetilde{\ln X_{it}}+u_{it}$　$i=1, 2, \cdots, N;\ t=1, 2, \cdots, T$ （5-3）

其中，$\widetilde{\ln X_{it}}=(1, X_{it})$，$\delta_i=(a_i, \beta'_i)$。

在固定效应变系数模型中，系数向量 δ_i 为跨截面变化的常系数向量。因此，当不同截面之间的随机误差项不相关时，可将模型分成对应于横截面的 N 个单方程，利用各横截面的时间序列数据采用经典的单方程模型估计方法分别估计各个单方程的参数。

表 5-5 给出了固定效应变系数模型中 30 个省（区、市）7 个能源效率影响因素的系数，30 个省（区、市）中 7 个能源效率影响因素的符号与前面固定效应面板数据的分析基本一致，但 7 个能源效率影响因素在省级层面对能源效率的影响存在明显的差异，针对同一能源效率影响因素的能源政策在省级层面的节能作用将会有所区别 。

表 5-5　固定效应变系数面板模型的估计结果

省（区、市）	ln（*TECHCH*）	ln（*COALS*）	ln（*ELECSHARE*）	ln（*FBP*）	ln（*INDUSSHARE*）	ln（*SCALE*）	ln（*THIRDSHARE*）
北　京	0.3188	−0.0153	0.1994	0.2554	−0.1383	0.1580	0.1258
天　津	0.3317	−0.0622	0.1147	0.1788	−0.1191	0.1093	0.1291
河　北	0.2647	−0.0771	0.1246	0.1288	−0.1242	0.0699	0.0596
山　西	0.1983	−0.0794	0.1787	0.1083	−0.1624	0.1599	0.0751
内蒙古	0.2468	−0.0770	0.1102	0.1047	−0.0628	0.1685	0.1184
辽　宁	0.2654	−0.0172	0.1227	0.1508	−0.0308	0.1056	0.1105
吉　林	0.2180	−0.0677	0.1890	0.1067	−0.0992	0.1345	0.1245
黑龙江	0.1315	−0.0590	0.1686	0.1198	−0.0656	0.1576	0.0796

续表

省（区、市）	ln（*TECHCH*）	ln（*COALS*）	ln（*ELECSHARE*）	ln（*FBP*）	ln（*INDUSSHARE*）	ln（*SCALE*）	ln（*THIRDSHARE*）
上 海	0.2557	−0.0213	0.1531	0.2543	−0.1614	0.1681	0.1149
江 苏	0.3380	−0.0185	0.1720	0.2469	−0.1108	0.1509	0.1182
浙 江	0.3252	−0.0114	0.1862	0.2079	−0.1624	0.1381	0.0402
安 徽	0.1506	−0.0695	0.0868	0.1058	−0.0370	0.1668	0.0313
福 建	0.1775	−0.0778	0.1933	0.1190	−0.1077	0.0128	0.1016
江 西	0.3231	−0.0185	0.1611	0.0837	−0.0493	0.0852	0.0274
山 东	0.3449	−0.0430	0.0593	0.1407	−0.1320	0.0535	0.1247
河 南	0.1247	−0.0688	0.0528	0.2052	−0.1399	0.0839	0.1278
湖 北	0.1742	−0.0283	0.0653	0.1102	−0.0410	0.0827	0.0378
湖 南	0.1826	−0.0431	0.0421	0.1021	−0.0371	0.1145	0.0786
广 东	0.2966	−0.0554	0.1206	0.2510	−0.1121	0.1432	0.1078
广 西	0.1596	−0.0318	0.1081	0.0875	−0.0816	0.0476	0.0299
海 南	0.1539	−0.0502	0.0605	0.1513	−0.1457	0.1552	0.0340
重 庆	0.3191	−0.0704	0.1335	0.2532	−0.0419	0.1376	0.0770
四 川	0.2858	−0.0487	0.1220	0.1573	−0.1307	0.0597	0.0602
贵 州	0.2974	−0.0135	0.1327	0.0840	−0.0644	0.0655	0.0414
云 南	0.1247	−0.0650	0.0575	0.1059	−0.0570	0.0506	0.0556
陕 西	0.1162	−0.0573	0.1769	0.1433	−0.0993	0.0379	0.0314
甘 肃	0.2935	−0.0542	0.1531	0.0873	−0.0683	0.0744	0.0309
青 海	0.1583	−0.0622	0.0787	0.1278	−0.0303	0.0572	0.0205
宁 夏	0.2542	−0.0422	0.1497	0.1518	−0.0511	0.0443	0.0888
新 疆	0.1698	−0.0267	0.0501	0.0993	−0.0315	0.0187	0.0292

以煤炭储量为例，煤炭储量作为省际资源禀赋的一种衡量，该能源效率影响因素对省域全要素能源效率的影响在不同的省（区、市）中出现了明显的差异，30个省（区、市）煤炭储量变量系数均为负值，对

能源效率产生负的影响，其中系数最小的山西，其变量系数值为 -0.079；系数最大的为浙江，系数值为 -0.011，系数值极差为 0.068。

根据固定效应变系数回归模型：

$$\ln Y_{it}=a_i+\beta_{it}\ln X_{it}+u_{it}\quad i=1，2，\cdots，N；t=1，2，\cdots，T \tag{5-4}$$

可知，i 实际取值为 30 个省（区、市），向量集 X 包含的变量分别为 *TECHCH*、*COALS* 等 7 个能源效率影响因素变量，β_{1t}，β_{2t}，…，β_{7t} 分别表示 i 省（区、市）技术进步、第三产业增加值占比、工业增加值占比、终端能源消费量电力占比、煤炭储量、规模以上工业企业平均规模、外商参与度 7 个能源效率影响因素对全要素能源效率的弹性，即技术进步等 7 个能源效率影响因素每变动 1 个百分点，能源效率变动的幅度。而在上述固定效应面板分析中，a_1，a_2，…，a_7 分别为全国技术进步、第三产业增加值占比、工业增加值占比、终端能源消费量电力占比、煤炭储量、规模以上工业企业平均规模、外商参与度 7 个能源效率影响因素对全国全要素能源效率的弹性。

对于各个省（区、市）而言，技术进步对能源效率的弹性可以表示为：

$$\beta_{1t}=\frac{i\text{省（区、市）能源效率变动}}{i\text{省（区、市）技术进步变动 1 个百分点}} \tag{5-5}$$

对于全国而言，技术进步对能源效率的弹性可表示为：

$$a_1=\frac{\text{全国能源效率变动}}{\text{全国技术进步变动 1 个百分点}} \tag{5-6}$$

将式（5-5）与式（5-6）相除，可得：

$$\frac{\beta_{1t}}{a_1}=\frac{i\text{省（区、市）能源效率变动}/i\text{省（区、市）技术进步变动 1 个百分点}}{\text{全国能源效率变动}/\text{全国技术进步变动 1 个百分点}} \tag{5-7}$$

式（5-7）中技术进步变动均为 1 个百分点，可以约去，则有

$$\frac{\beta_{1t}}{a_1}=\frac{i\text{省（区、市）能源效率变动}}{\text{全国能源效率变动}} \tag{5-8}$$

令 $\rho_{1i}=\dfrac{\beta_{1t}}{a_1}$，则 ρ_{1i} 为在考虑技术进步对能源效率影响的条件下，在变系数面板数据模型下各地区技术进步的能源效率差异系数。本节研究所用的 7 个能源效率影响因素的地区差异化系数如表 5-6 所示。

表 5-6　基于能源效率影响因素的各地区能源效率差异系数

省（区、市）	ln（TECHCH）	ln（COALS）	ln（ELEC-SHARE）	ln（FBP）	ln（INDU-SSHARE）	ln（SCALE）	ln（THIR-DSHARE）
北京	1.431521949	0.957982837	1.721749644	1.769666620	1.557424757	1.573819486	1.938092353
天津	1.489441948	1.316194321	0.990111836	1.239210125	1.341582021	1.088961945	1.989074517
河北	1.188302854	1.631428894	1.076039553	0.892594398	1.399034941	0.696054991	0.917832976
山西	0.890127110	1.680545362	1.543330886	0.750330886	1.829368581	1.592847181	1.155955107
内蒙古	1.107933244	1.629946932	0.951940930	0.725315236	0.707121534	1.678920104	1.823189953
辽宁	1.191445800	0.363292497	1.059717604	1.044628565	0.347083232	1.051603905	1.701510469
吉林	0.978982673	1.434116186	1.632108468	0.73965939	1.117740936	1.339609484	1.917761097
黑龙江	0.590200295	1.248024050	1.455589620	0.830436400	0.738889619	1.570133493	1.226344379
上海	1.148118049	0.451575114	1.321991450	1.762044123	1.818103303	1.674536760	1.769897420
江苏	1.517414164	0.391026365	1.485210933	1.710834802	1.247742250	1.503586372	1.820725559
浙江	1.460302351	0.241559871	1.607927803	1.440513341	1.829030623	1.375473202	0.61979525
安徽	0.676227208	1.471376955	0.749773306	0.733284211	0.416477347	1.661884838	0.481789151
福建	0.797095918	1.646883645	1.669502137	0.824269106	1.213608456	0.127017334	1.564274492
江西	1.450693918	0.391449783	1.390992703	0.579794839	0.555152926	0.848376171	0.422489655
山东	1.548708923	0.909924914	0.512111922	0.975055956	1.486453503	0.533373182	1.921303665
河南	0.560028017	1.455710495	0.455978237	1.421803575	1.576463078	0.835923491	1.969051311
湖北	0.781919981	0.598924519	0.564186709	0.763289131	0.461425809	0.823968918	0.581905182
湖南	0.819680228	0.912042003	0.363487197	0.707783493	0.417378570	1.140665471	1.209863740
广东	1.331621176	1.172655677	1.041409387	1.739592404	1.262725071	1.426579000	1.659769784
广西	0.716456912	0.673657765	0.933632713	0.606265693	0.919697340	0.473799562	0.460841796
海南	0.691088851	1.063202168	0.522561423	1.048509109	1.641801694	1.545626619	0.523375810
重庆	1.432644430	1.491277593	1.152813161	1.754490921	0.471677212	1.370890616	1.185527843
四川	1.283130015	1.030175577	1.053240641	1.089670593	1.472146599	0.594540745	0.927844579
贵州	1.335213114	0.285807034	1.146163479	0.582150884	0.725596590	0.652918908	0.637354062
云南	0.559758622	1.375896234	0.496912647	0.734046460	0.641895571	0.504383343	0.856531159

续表

省（区、市）	ln（TECHCH）	ln（COALS）	ln（ELEC-SHARE）	ln（FBP）	ln（INDU-SSHARE）	ln（SCALE）	ln（THIR-DSHARE）
陕西	0.521639181	1.212880370	1.527958893	0.992726290	1.118642158	0.377067145	0.484253545
甘肃	1.317657518	1.146615480	1.322336888	0.605018375	0.769418524	0.740884638	0.476552312
青海	0.710530215	1.316617738	0.679994818	0.885456969	0.340999981	0.569336521	0.316058612
宁夏	1.141203569	0.892776492	1.292974653	1.051558108	0.575317775	0.440924487	1.368201095
新疆	0.762433718	0.564415966	0.432229371	0.687826410	0.354405663	0.186292090	0.450060070

各省（区、市）的能源效率影响因素的能源效率差异系数可能差异较大，7 个影响因素中，能源效率差异系数方差最小的变量为技术进步，30 个省（区、市）技术进步的能源效率差异系数离散程度偏低，第三产业增加值占比的省域能源效率差异系数的方差最大，为 35.3%（见表 5-7）。天津的第三产业增加值占比的能源效率差异系数为 1.989，排名第一。青海的第三产业增加值占比的能源效率差异系数最小，为 0.316。

表 5-7　各地区能源效率差异系数统计值

变量	样本量	极小值	极大值	均值	标准差	方差
ln(*TECHCH*)	30	0.5216	1.5487	1.0477	0.3422	0.1171
ln(*COALS*)	30	0.2416	1.6805	1.0319	0.4560	0.2079
ln(*ELECSHARE*)	30	0.3635	1.7217	1.0718	0.4238	0.1796
ln(*FBP*)	30	0.5798	1.7697	1.0229	0.3964	0.1571
ln(*INDUSSHARE*)	30	0.3410	1.8294	1.0118	0.5037	0.2537
ln(*SCALE*)	30	0.1270	1.6789	1.0000	0.4946	0.2446
ln(*THIRDSHARE*)	30	0.3161	1.9891	1.1459	0.5943	0.3532

在控制各省（区、市）对应的能源效率影响因素后，能源效率影响因素对各省（区、市）能源效率的影响程度应该在各省（区、市）都比

较相近。把握好这些能源效率影响因素就有利于我们在实际中有重点地实施相应的地方性能源政策，从而促进能源效率的提高。

基于上述分析可知，30个省（区、市）7个能源效率影响因素的能源效率差异系数差别很大，我们在模型中考虑了7个影响能源效率的因素。我们可对同一个省（区、市）的7个能源效率差异系数进行加权组合，得到各能源效率影响因素在省级层面的综合性差异系数。

i 地区的能源效率差异系数分别为 ρ_{1i}，ρ_{2i}，…，ρ_{7i}，这7个系数的某种组合为 i 地区的综合能源效率差异系数，记为 ρ_i。本节变系数模型使用的是变量间的对数线性模型，在上述固定效应面板模型中，我们得到七大能源效率影响因素的全国系数 a_1，a_2，…，a_7，这7个系数我们可以认为是7个能源效率影响因素对能源效率影响的权重。

i 地区的综合能源效率差异系数可表示为：

$$\rho_i=\rho_{1i}\frac{a_1}{a_1+a_2+\cdots+a_7}+\rho_{2i}\frac{a_2}{a_1+a_2+\cdots+a_7}+\cdots+\rho_{7i}\frac{a_7}{a_1+a_2+\cdots+a_7} \tag{5-9}$$

利用上述公式和计算结果，可得到各省（区、市）综合能源效率差异系数（见表5-8）。

表5-8　30个省（区、市）综合能源效率差异系数

省（区、市）	综合能源效率差异系数	省（区、市）	综合能源效率差异系数	省（区、市）	综合能源效率差异系数
北京	1.7064	浙江	1.4134	海南	0.7008
天津	1.3325	安徽	0.8492	重庆	1.5778
河北	0.8714	福建	0.8174	四川	0.9872
山西	0.9342	江西	1.1963	贵州	1.0605
内蒙古	1.1888	山东	1.0706	云南	0.5319
辽宁	1.3803	河南	0.7533	陕西	0.6816
吉林	1.1829	湖北	0.7828	甘肃	1.0090
黑龙江	1.0398	湖南	0.8586	青海	0.6834
上海	1.4905	广东	1.4678	宁夏	1.1628
江苏	1.7510	广西	0.6233	新疆	0.6032

基于7个能源效率影响因素得到的30个省（区、市）综合能源效率差异系数如表5-8所示，综合能源效率差异系数反映了能源效率影响因素的综合相对于全国30个省（区、市）的平均值的偏离程度，也反映了各省（区、市）调整对应能源效率因素综合政策的力度。从表中可见，各省（区、市）综合能源效率差异系数排在前6的省（区、市）是江苏、北京、重庆、上海、广东、浙江，能源效率差异系数分别为1.751、1.706、1.578、1.491、1.468、1.413。综合能源效率差异系数较小的省（区、市）为云南、新疆、广西、陕西、青海五个地区，综合能源效率差异系数均在0.7以下。

第四节　小　结

本书使用中国30个省（区、市）2000~2017年的面板数据，鉴于前期文献对能源效率影响因素的研究成果和数据可得性，设计了基于技术进步、第三产业增加值占比、工业增加值占比、终端能源消费量电力占比、煤炭储量、规模以上工业企业平均规模、外商参与度7个能源效率影响因素，分析了7个指标对中国全要素能源效率的长期影响。

在固定效应面板数据分析中，基于工业增加值占比、煤炭储量、规模以上工业企业平均规模3个变量的调整，设置了4个固定效应模型来检验能源效率影响因素系数的稳健性。结果表明：省域全要素能源效率与所选取的七大能源效率影响因素之间确实存在长期稳定的关系，研究两者之间的关系对有效控制能源效率影响因素与促进全要素能源效率的提高具有重要的意义。

所选取的7个能源效率影响因素中，技术进步、第三产业增加值占比、终端能源消费量电力占比、规模以上工业企业平均规模、外商参与度5个因素与全要素能源效率正相关，煤炭储量、工业增加值占比与全要素能源效率负相关。

选取的技术进步、第三产业增加值占比、工业增加值占比、终端能源消费量电力占比、煤炭储量、规模以上工业企业平均规模、外商参与度 7 个能源效率影响因素中，技术进步对提升中国全要素能源效率的贡献最大。根据表 5–4 中模型 D 的 7 个能源效率影响因素对中国全要素能源效率影响作用的大小，其弹性系数的绝对值由高到低的排序为技术进步（0.326）、外商参与度（0.161）、终端能源消费量电力占比（0.154）、工业增加值占比（–0.091）、第三产业增加值占比（0.068）、煤炭储量（–0.051）、规模以上工业企业平均规模（0.035）。

通过变系数面板模型，基于技术进步、第三产业增加值占比、工业增加值占比、终端能源消费量电力占比、煤炭储量、规模以上工业企业平均规模、外商参与度 7 个能源效率影响因素，得到 30 个省（区、市）各能源效率影响因素的能源效率差异系数和地区综合能源效率差异系数。

从各省（区、市）综合能源效率差异系数计算结果来看，中国 30 个省（区、市）能源效率差异系数差距较大。江苏、北京、重庆、上海、广东、浙江综合能源效率差异系数排名靠前。技术进步能源效率差异系数较高的省（区、市）主要是北京、天津、江苏、浙江、重庆等直辖市和沿海省份。煤炭储量多、资源禀赋较好的山西、内蒙古、河北、安徽所对应的煤炭储量能源效率差异系数较高。

第六章

基于结构和效率因素的省域能源效率分解

第一节　省域能源效率因素分解背景

在能源效率测算领域，对能源强度进行分解一般是把能源强度变化分解为部门能源强度变动和经济结构变动两个方面。最基本的两种形式是拉氏因素分解法（Laspeyres Decomposition）和迪氏因素分解法（Divisia Decomposition）。林伯强（2003）将以产业生产的增加值与产业消费的电力的比值来衡量的效率改进纳入生产函数中，以此分析效率改进对产出的影响。

基于能源效率分解方法对能源效率研究的范畴和领域，学者们主要聚焦在省级和工业层面，一般将三次产业和工业内部产业结构的变动作为能源效率关联因素分解标的。如果中国 30 个省（区、市）在 GDP 产出份额有变动，且 30 个省（区、市）能源效率存在显著差异的条件下，依据能源效率分解的思想，对中国的能源效率作指数分解时，产业结构的调整也可使用中国 30 个省（区、市）的经济产出份额的调整来表示，其调整意义就等同于在省级或者工业层面下产业结构的调整。特别是在各省（区、市）能源效率存在显著差异的情况下，这样的产出结构调整将影响到中国整体的能源效率。根据 2000~2017 年中国 30 个省（区、市）能源效率数据，2017 年中国平均能耗强度为 0.805 吨 / 万元，而 2017 年归属于北部沿海综合经济区的北京、大西北综合经济区的宁夏的能耗强度分别为 0.448 吨 / 万元、3.526 吨 / 万元。不同省（区、市）能源效率的确存在较大的差异，以中国 30 个省（区、市）为研究范畴，基于能源效率分解方法研究中国总体能源效率变动具有可研性。

本部分研究运用 Laspeyres 指数及其分解模型，基于中国 30 个省（区、市）2000~2017 年 18 年的数据，将结构因素和效率因素从中国能源效率指标中分离出来，研究这 2 个因素对中国总体能源效率的影响程度。

第二节　能源效率因素分解模型及数据说明

自从 1971 年美国斯坦福大学 Paul R. Ehrlich 教授提出分解模型之后，由 Hankinson 和 Rhys（1983）将分解模型应用在电力等能源问题的研究中，Boyd 等（1988）、Howarth（1991）则在不同国家采用分解方法，研究影响能源消费变动的影响因素，分解出经济结构和能源密度的影响效果。因素分解法有很多种不同的形式，但最基本也得到最广泛应用的是拉氏因素分解法（Laspeyres Decomposition）和迪氏因素分解法（Divisia Decomposition）。本书以两个因素的乘积形式为例，推导因素分解法，已知：

$$z_0=x_0y_0,\ z_t=x_ty_t;\ \ z_t=z_0+\Delta z,\ x_t=x_0+\Delta x,\ y_t=y_0+\Delta y \tag{6-1}$$

$$\Delta z=z_t-z_0=x_ty_t-x_0y_0=(x_0+\Delta x)(y_0+\Delta y)-x_0y_0=\Delta xy_0+x_0\Delta y+\Delta x\Delta y \tag{6-2}$$

拉氏因素分解法的计算公式是 $\Delta z=(x_t-x_0)y_0+x_0(y_t-y_0)+r$，其中 r 就是所谓的“剩余”，其实 $r=(x_t-x_0)\times(y_t-y_0)$ 即 x 和 y 的交叉影响。拉氏因素分解法可以视为一种基于微分的方法。迪氏因素分解法的公式也可以通过微积分来推导。和拉氏因素分解法不同的是，迪氏因素分解法对时间微分，而不是直接对各个因素微分，推导如下。首先对时间微分：

$$\frac{\mathrm{d}z}{\mathrm{d}t}=\frac{\mathrm{d}(xy)}{\mathrm{d}t}=y\left(\frac{\mathrm{d}x}{\mathrm{d}t}\right)+x\left(\frac{\mathrm{d}y}{\mathrm{d}t}\right)=xy(\mathrm{dln}x)+xy(\mathrm{dln}y) \tag{6-3}$$

得到：

$$\Delta z = \int_0^t xy(\mathrm{d}\ln x/\mathrm{d}t) + \int_0^t xy(\mathrm{d}\ln y/\mathrm{d}t) \tag{6-4}$$

根据近似的计算公式，可以得到：

$$\int_0^t xy(\mathrm{d}\ln x/\mathrm{d}t) = [\alpha(x_0y_0) + \beta(x_ty_t)](\ln x_t - \ln x_0) \tag{6-5}$$

$$\int_0^t xy(\mathrm{d}\ln y/\mathrm{d}t) = [\alpha(x_0y_0) + \beta(x_ty_t)](\ln y_t - \ln y_0) \tag{6-6}$$

其中 $\alpha+\beta=1$，如果取 $\alpha=\beta=0.5$，则：

$$\Delta z_x = \frac{1}{2}(x_0y_0 + x_ty_t)(\ln x_t - \ln x_0) \tag{6-7}$$

$$\Delta z_y = \frac{1}{2}(x_0y_0 + x_ty_t)(\ln y_t - \ln y_0) \tag{6-8}$$

显然，由于含有近似计算，所以迪氏因素分解法也含有“剩余”，即

$$\Delta z = \Delta z_x + \Delta z_y + r \tag{6-9}$$

本章使用拉氏因素分解法，将结构因素和效率因素从能源效率指标中分离出来，研究这 2 个因素对中国总体能源效率的影响程度。

基年中国 30 个省（区、市）各自的能源消费总量定义为 $E_{i0}(i = 1, 2, \cdots, 30)$，30 个省（区、市）各自的 GDP 产出定义为 $O_{i0}(i = 1, 2, \cdots, 30)$，基年中国能源消费总量和 GDP 分别为 E_0 和 G_0，基年 30 个省（区、市）能源效率则可表示为 $e_{i0} = E_{i0} / G_{i0}$；第 t 年中国能源消费总量和 GDP 分别表示为 E_t 和 G_t，第 t 年 30 个省（区、市）能源消费总量为 $E_{it}(i = 1, 2, \cdots, 30)$，30 个省（区、市）的经济总产出为 $O_{it}(i = 1, 2, \cdots, 30)$，$t$ 年 30 个省（区、市）能源效率可表示为 $e_{it} = E_{it} / G_{it}$，则第 t 年全国的单要素能源效率可表示为：

$$e_t = \frac{E_t}{G_t} = \sum_{i=1}^{30} \left[\frac{E_{it}}{O_{it}} \times \frac{O_{it}}{G_{it}}\right] \tag{6-10}$$

式（6-10）分解出的效率因素为 $F_{it} = \frac{E_{it}}{O_{it}}$，表示第 t 年 i 省（区、市）的单要素能源效率；分解出的结构因素为 $S_{it} = \frac{O_{it}}{G_{it}}$，表示第 t 年 i 省（区、市）在全国 GDP 产出中的份额。式（6-10）也可表示为：

$$e_t = \sum_{i=1}^{30} F_{it} \times S_{it} \tag{6-11}$$

其中，中国能源效率的变动来自省（区、市）产出结构的变化（S_{it}）与其能源效率的变化（F_{it}）。

t 年相对于基期中国能源效率的变化，可以表示成如下形式：

$$\Delta e = e_t - e_0 = \sum_{i=1}^{30} F_{it} \times S_{it} - \sum_{i=1}^{30} F_{i0} \times S_{i0} = \Delta e_{Ft} + \Delta e_{St} + \Delta e_{rsd} \quad (6-12)$$

其中，e_{rsd} 表示剩余，即效率因素与结构因素的交叉影响。根据对数平均权重分解法，得到的结构因素和效率因素的分解结果如下：

$$\Delta e_{Ft} = \sum_{i=1}^{30} W'_{it} \ln \frac{F_{it}}{F_{i0}} \quad (6-13)$$

$$\Delta e_{St} = \sum_{i=1}^{30} W'_{it} \ln \frac{S_{it}}{S_{i0}} \quad (6-14)$$

$$W'_{it} = \frac{e_{it} - e_{i0}}{\ln e_{it} - \ln e_{i0}} \quad (6-15)$$

本章研究30个省（区、市）能源效率选取的面板数据跨度为2000~2017年，30个省（区、市）能源效率的测算是基于2000年的不变价格数据。30个省（区、市）相关能源效率数据主要来源于2000~2018年各省（区、市）统计年鉴、中国统计数据应用支持系统数据库、国研网统计数据库、搜数网，部分能源数据来源于新疆、宁夏等《国民经济和社会发展统计公报》，30个省（区、市）经济产出数据均折算为2000年的不变价格。

第三节　省域能源效率的分解分析

一　省域能源效率总体变动

2000~2017年，30个省（区、市）能源效率如表6-1所示，计算能源效率所用GDP均以2000年不变价格计算，能源效率计量单位以吨标准煤/万元表示。中国的总体能源效率从2000年的1.513吨标准煤/万元提高到2017年的0.805吨标准煤/万元，北部沿海综合经济区的北京能源效率从2000年的1.311吨标准煤/万元提升到2017年的0.448吨标准煤/万元，南部沿海经济区的广东能源效率从2000年的0.880吨

表 6-1 2000~2017 年 30 个省（区、市）能源效率

单位：吨标准煤 / 万元

省（区、市）	2000 年	2001 年	2002 年	2003 年	2004 年	2005 年	2006 年	2007 年	2008 年	2009 年	2010 年	2011 年	2012 年	2013 年	2014 年	2015 年	2016 年	2017 年
北京	1.311	1.221	1.126	1.063	1.031	0.988	0.936	0.870	0.803	0.757	0.726	0.676	0.644	0.560	0.530	0.498	0.473	0.448
天津	1.642	1.531	1.407	1.303	1.294	1.253	1.202	1.137	1.059	0.995	0.983	0.942	0.893	0.762	0.716	0.664	0.608	0.590
河北	1.961	1.895	1.928	2.010	2.083	2.298	2.226	2.146	2.010	1.909	1.843	1.774	1.660	1.504	1.396	1.310	1.244	1.176
山西	3.645	3.921	4.071	3.940	3.705	3.572	3.472	3.462	3.206	3.023	2.864	2.761	2.647	2.484	2.380	2.253	2.158	1.991
内蒙古	2.306	2.393	2.367	2.550	2.783	2.843	2.763	2.653	2.485	2.313	2.205	2.149	2.036	1.669	1.603	1.539	1.476	1.463
辽宁	2.282	2.094	1.890	1.799	1.853	1.847	1.749	1.591	1.510	1.433	1.376	1.329	1.257	1.068	1.013	0.977	0.973	0.917
吉林	1.930	1.811	1.940	2.010	1.940	1.840	1.779	1.517	1.440	1.351	1.280	1.234	1.143	0.966	0.898	0.804	0.740	0.680
黑龙江	1.957	1.753	1.581	1.604	1.598	1.539	1.493	1.432	1.363	1.284	1.223	1.174	1.124	0.967	0.924	0.887	0.846	0.806
上海	1.153	1.104	1.065	1.031	0.984	0.991	0.949	0.888	0.854	0.802	0.785	0.730	0.685	0.635	0.580	0.557	0.536	0.515
江苏	1.007	0.943	0.913	0.925	0.995	1.076	1.039	1.010	0.952	0.902	0.870	0.839	0.797	0.736	0.693	0.646	0.616	0.586
浙江	1.068	0.961	1.082	1.085	1.077	1.062	1.024	0.981	0.927	0.877	0.849	0.823	0.773	0.737	0.691	0.667	0.641	0.617
安徽	1.681	1.620	1.535	1.441	1.402	1.368	1.324	1.264	1.207	1.142	1.087	1.043	1.000	0.932	0.877	0.828	0.784	0.744
福建	0.822	0.773	0.835	0.821	0.823	0.982	0.950	0.915	0.881	0.848	0.819	0.792	0.746	0.672	0.662	0.611	0.572	0.534
江西	1.251	1.069	1.218	1.259	1.238	1.233	1.194	1.144	1.076	1.027	0.985	0.955	0.898	0.855	0.828	0.795	0.756	0.724
山东	1.363	1.085	1.424	1.448	1.463	1.528	1.476	1.441	1.348	1.275	1.219	1.172	1.119	0.928	0.882	0.849	0.805	0.772

续表

省（区、市）	2000年	2001年	2002年	2003年	2004年	2005年	2006年	2007年	2008年	2009年	2010年	2011年	2012年	2013年	2014年	2015年	2016年	2017年
河南	1.567	1.497	1.502	1.588	1.723	1.688	1.638	1.570	1.490	1.398	1.349	1.297	1.207	1.026	0.985	0.920	0.849	0.791
湖北	1.768	1.568	1.593	1.667	1.773	1.710	1.655	1.624	1.515	1.424	1.370	1.319	1.264	1.020	0.966	0.892	0.848	0.799
湖南	1.146	1.194	1.195	1.202	1.376	1.566	1.505	1.548	1.444	1.369	1.334	1.284	1.196	0.968	0.908	0.845	0.799	0.752
广东	0.880	0.858	0.851	0.855	0.865	0.886	0.858	0.839	0.803	0.770	0.747	0.719	0.680	0.613	0.591	0.557	0.537	0.513
广西	1.283	1.185	1.253	1.284	1.370	1.435	1.399	1.322	1.269	1.213	1.189	1.149	1.100	0.992	0.956	0.907	0.874	0.841
海南	0.911	0.905	0.956	0.982	0.963	0.961	0.945	0.947	0.922	0.896	0.852	0.896	0.866	0.803	0.783	0.773	0.744	0.730
重庆	1.514	1.726	1.382	1.401	1.491	1.621	1.562	1.697	1.613	1.524	1.455	1.399	1.300	1.004	0.967	0.905	0.843	0.798
四川	1.659	1.591	1.591	1.751	1.806	1.694	1.656	1.639	1.574	1.482	1.411	1.351	1.254	1.064	1.015	0.941	0.894	0.837
贵州	4.155	3.962	3.659	4.116	4.194	3.808	3.700	3.111	2.912	2.790	2.673	2.578	2.473	2.069	1.950	1.805	1.679	1.563
云南	1.724	1.624	1.764	1.746	1.837	1.950	1.926	1.844	1.756	1.675	1.611	1.558	1.509	1.299	1.248	1.137	1.076	0.992
陕西	1.514	1.644	1.688	1.695	1.721	1.719	1.643	1.628	1.531	1.461	1.408	1.358	1.310	1.179	1.136	1.100	1.058	1.018
甘肃	2.861	2.514	2.500	2.507	2.493	2.491	2.426	2.327	2.210	2.055	1.986	1.936	1.855	1.741	1.650	1.527	1.384	1.319
青海	3.307	3.157	2.995	2.886	3.289	3.590	3.611	3.502	3.357	3.140	2.978	3.259	3.208	3.096	3.003	2.875	2.647	2.503
宁夏	3.997	3.937	3.850	4.997	5.178	5.046	4.998	4.870	4.539	4.256	4.074	4.261	4.039	3.854	3.691	3.735	3.575	3.526
新疆	2.441	2.362	2.326	2.346	2.476	2.504	2.477	2.401	2.325	2.291	2.282	2.439	2.597	2.695	2.683	2.586	2.503	2.431

标准煤/万元提高到2017年的0.513吨标准煤/万元。这2个省（市）代表了中国30个省（区、市）中能源效率的最高水平。

大西北综合经济区的青海、宁夏能源效率分别从2000年的3.307吨标准煤/万元、3.997吨标准煤/万元，提高到2017年的2.503吨标准煤/万元、3.526吨标准煤/万元的水平。相比2000年，这2个省（区）的能源效率虽然略为提升，但却是中国30个省（区、市）中能源效率最低的，与北京、广东的能源效率相比，其每万元单位产值的能源效率低出1.99吨~3.07吨标准煤。

从表6-1中可以看出，北部沿海综合经济区的河北与山东能源效率在2003~2005年呈现略微下降趋势，2006~2017年呈现逐年提升趋势。黄河中游综合经济区的内蒙古、河南能源效率在2001~2005年呈现小幅波动趋势，随后开始逐年提升。大西南综合经济区的云南和广西能源效率在2002~2005年略微下降，2006年后又逐年提升。除上述省（区、市）在2000~2005年出现能源效率的小幅波动外，在2000~2017年整个考察期间，中国总体能源效率与各省（区、市）的能源效率稳步提升。总体来说，2000~2017年，中国总体能源效率提升速度为3.648%。30个省（区、市）能源效率年均提升幅度最快的为北部沿海综合经济区的北京，能源效率年均提高幅度为6.125%；能源效率年均提升速度最慢的地区为大西北综合经济区的新疆，提升幅度为年均0.022%。中国整体能源效率和30个省（区、市）的能源效率都表现出上升趋势，但30个省（区、市）之间的能源效率差异化显著 。

二　30个省（区、市）结构因素及效率因素对中国能源效率的影响比较

使用上述分解模型，基于经济产出结构与能源效率2个维度，对中国2000~2017年总体能源效率、结构因素、技术引致的效率因素进行了分解计算。中国各年度能源效率变化值，以及分解模型分解出的结构因素值、效率因素值的变动如表6-2所示。

表 6-2　2000~2017 年中国能源效率增量的分解

单位：吨标准煤 / 万元

时间段	结构因素变动	效率因素变动	能源效率变动
2000~2001 年	−0.0015	−0.0850	−0.0865
2001~2002 年	−0.0019	0.0170	0.0150
2002~2003 年	−0.0019	0.0207	0.0187
2003~2004 年	−0.0013	0.0349	0.0336
2004~2005 年	0.0011	0.0230	0.0241
2005~2006 年	−0.0009	−0.0492	−0.0501
2006~2007 年	−0.0003	−0.0544	−0.0548
2007~2008 年	0.0014	−0.0782	−0.0768
2008~2009 年	0.0007	−0.0710	−0.0702
2009~2010 年	0.0017	−0.0474	−0.0456
2010~2011 年	0.0044	−0.0408	−0.0364
2011~2012 年	0.0034	−0.0602	−0.0568
2012~2013 年	0.0012	−0.1349	−0.1337
2013~2014 年	−0.0005	−0.0483	−0.0487
2014~2015 年	−0.0011	−0.0523	−0.0534
2015~2016 年	−0.0010	−0.0437	−0.0447
2016~2017 年	−0.0004	−0.0421	0.0425

从表 6-2 的分析结果中可以发现，在 2000~2017 年 17 年的考察期内，在中国能源效率提高的过程中，效率因素的贡献占主导地位，结构因素变动不是中国能源效率提高的关键因素。在效率因素的变动中，2001~2005 年变动全部为正，2005~2017 年效率因素变动全部为负，无论效率因素变动为正还是为负，其对中国总体能源效率的提高贡献值最大。

考察期间的结构因素变动有 10 年数值为负，7 年数值为正，说明结构因素在考察期间对能源效率的贡献值有正有负，当其为正值时，说明其促进了能源效率的下降；当其为负值时，说明其促进了能源效率的提高。图 6-1 为结构因素与效率因素对中国能源效率变动影响大小的更直观的一个显示。在整个考察期间，中国总体能源效率值的变动和效率因素值的变动保持高度一致，而结构效率值正负波幅范围基本在 0 横轴线附近（见图 6–1）。2013 年以来，结构因素值全部稳定为负值，对中国总体能源效率的提高作用开始稳定。结构因素值在考察期间的变动远远小于效率因素值的变动，对中国能源效率值的影响不显著。

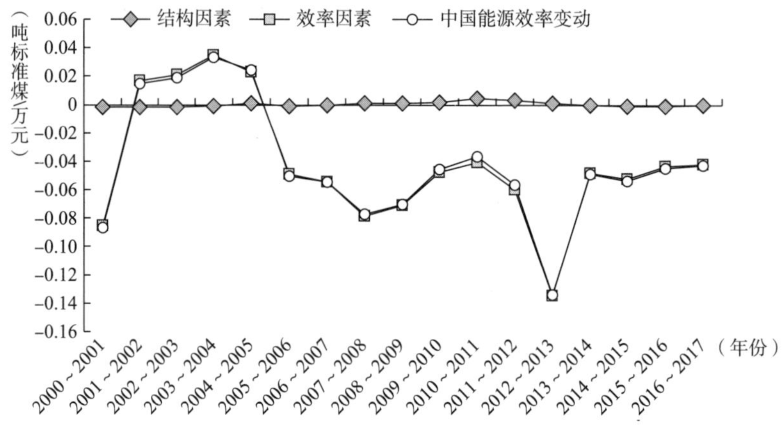

图 6–1　中国能源效率变化中的结构因素和效率因素

第四节　30 个省（区、市）效率因素和结构因素变动比较

2000~2017 年，中国能源效率的提升主要是各省（区、市）能源使用效率提高的结果，30 个省（区、市）产值结构调整的作用总体不明显。按照前述效率因素和结构因素的定义，在第 t 年中国能源效率的提升中，第 i 个省（区、市）的效率因素和结构因素对总能耗强度影响的计算公式如下：

$$\Delta e_{istr} = (s_{it} - s_{i0})e_{i0} + \frac{1}{2}(e_{it} - e_{i0})(s_{it} - s_{i0}) \tag{6-16}$$

$$\Delta e_{isff} = (e_{it} - e_{i0})e_{i0} + \frac{1}{2}(e_{it} - e_{i0})(S_{it} - S_{i0}) \tag{6-17}$$

按照分解模型中结构因素和效率因素的概念，对 30 个省（区、市）的效率因素和结构因素对中国能源效率的变动影响进行计算。

依据30个省（区、市）效率因素和结构因素的测算结果可得，各城市群结构因素对能源效率的影响在整个中国结构因素中所占的比重在考察年度期间变动幅度大，这种客观存在的变动为国家在宏观层面进行结构份额的调整提供了能源政策调整的基础。

在2000~2017年整个样本期内，黄河中游综合经济区的内蒙古结构因素对中国能源效率的贡献所占的比重最大，为9.05%（见表6-3）。剩下29个省（区、市）中，在考察期间结构因素贡献比例超过5%的省（区、市）还有东北综合经济区的辽宁、黄河中游综合经济区的山西、北部沿海综合经济区的河北、南部沿海经济区的广东4个省，其结构因素对能源效率的贡献比例分别为7.31%、6.60%、5.61%、5.38%。上述5个省（区）结构因素对能源效率的贡献比例，共占30个省（区、市）结构因素的33.96%。2000~2017年，结构因素贡献比例排在前5的省（区）中，辽宁、山西、河北在考察期间结构因素对中国总体能源效率提升的年均贡献率为正，对总体能源效率提升的年均贡献率分别为–0.00025吨标准煤/万元、–0.00052吨标准煤/万元、–0.00075吨标准煤/万元，而内蒙古、广东的结构因素在考察期间导致了中国总体能源效率的损失，年均损失率分别为0.0012吨标准煤/万元、0.00001吨标准煤/万元（见图6-2）。在考察期间，从30个省（区、市）的截面数据看，结构因素对中国能源效率的提升贡献度为正的省（区、市）有14个，贡献度为负的省（区、市）有16个。内耗后的结构因素对中国能源效率提升的影响变得极其不明显。从年份时间序列看，2000~2017年，10个年份的结构因素促进了中国能源效率的提升，7个年份的结构因素总体上导致中国能源效率的损失。

表6-3　30个省（区、市）结构因素对中国能源效率贡献的比重统计

单位：%

省（区、市）	极小值	极大值	均值	标准差	方差
北京	0.19	6.99	2.2150	1.73231	3.001
天津	1.19	6.54	3.6300	1.69111	2.860
河北	0.86	14.98	5.6140	3.52542	12.429

续表

省（区、市）	极小值	极大值	均值	标准差	方差
山 西	0.31	18.48	6.6001	5.27644	27.841
内蒙古	0.21	24.20	9.0536	7.38286	54.507
辽 宁	0.52	38.26	7.3125	9.49788	90.210
吉 林	0.51	5.02	2.5431	1.05059	1.104
黑龙江	0.35	8.70	3.1312	2.34461	5.497
上 海	0.07	6.59	3.2284	2.05805	4.236
江 苏	0.40	6.11	3.0708	1.56374	2.445
浙 江	0.06	7.78	3.8389	2.58561	6.685
安 徽	0.67	5.03	2.7198	1.14003	1.300
福 建	0.82	4.05	2.1247	0.92727	0.860
江 西	0.46	3.07	1.4829	0.84613	0.716
山 东	0.35	11.82	4.2694	3.08861	9.540
河 南	0.09	6.29	2.4818	1.78619	3.190
湖 北	0.06	6.78	3.6985	1.66210	2.763
湖 南	0.34	4.72	3.0580	1.13902	1.297
广 东	1.28	10.59	5.3815	2.84315	8.084
广 西	0.07	2.94	1.1877	0.88088	0.776
海 南	0.00	0.79	0.2867	0.23823	0.057
重 庆	0.75	6.26	3.5272	1.91245	3.657
四 川	0.42	9.67	3.4956	2.72394	7.420
贵 州	0.23	6.75	3.5367	2.23345	4.988
云 南	0.24	8.09	3.8767	2.29244	5.255
陕 西	0.03	5.68	2.0137	1.70542	2.908
甘 肃	0.26	5.89	1.9765	1.49547	2.236
青 海	0.08	1.49	0.6736	0.38448	0.148
宁 夏	0.13	2.05	0.7041	0.59511	0.354
新 疆	0.36	5.73	3.2673	1.69242	2.864

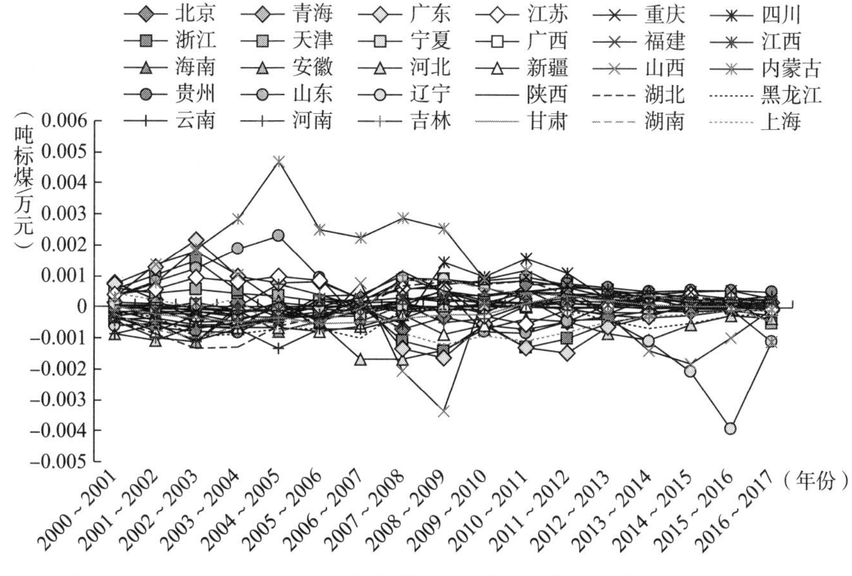

图 6–2　30 个省（区、市）结构因素对中国能源效率影响的贡献值

在选取的样本考察期内，北部沿海综合经济区的山东、河北，东部沿海综合经济区的江苏，东北综合经济区的辽宁，黄河中游综合经济区的河南，这 5 个省的效率因素对中国能源效率的贡献所占的比重最大。如表 6–4 和图 6–3 所示，在考察期间，这 5 个省效率因素对能源效率的贡献比例，共占 30 个省（区、市）效率因素的 34.93%。从具体年份来看，山东与河北在 2002~2005 年，河南在 2002~2004 年的效率因素值为正，对中国能源效率的提升贡献为负，其他年份这 5 个省的效率因素均导致了中国能源效率的提升。就考察期总体来看，北部沿海综合经济区的山东、河北，东部沿海综合经济区的江苏，东北综合经济区的辽宁，黄河中游综合经济区的河南，导致中国总体能源效率年均提升幅度分别为 0.0031 吨标准煤 / 万元、0.0021 吨标准煤 / 万元、0.0023 吨标准煤 / 万元、0.0037 吨标准煤 / 万元、0.0023 吨标准煤 / 万元。剩余 25 个省（区、市）在 2000~2004 年部分年份的效率因素值为正值，导致了中国总体能源效率的损失。从总体考察期来看，其余 25 个省（区、市）在 2000~2017 年也均导致了能源效率的提升。从 30 个省（区、市）的截面数据看，各省（区、市）效率因素对中国总体能源效率的提升贡献差异比较大，如青海、宁夏 2 个省（区）在考察期间的年均贡献分别为 0.00013 吨标准煤 / 万元、0.000069 吨标准煤 / 万元。

表 6-4　30 个省（区、市）效率因素对中国能源效率贡献的比重统计

单位：%

省（区、市）	极小值	极大值	均值	标准差	方差
北 京	1.443	3.885	2.352	0.796	0.634
天 津	0.300	3.537	1.902	0.837	0.701
河 北	1.740	15.298	7.127	2.867	8.219
山 西	0.301	7.878	4.345	1.778	3.163
内蒙古	0.439	6.871	3.703	1.966	3.865
辽 宁	0.411	11.829	5.768	3.040	9.244
吉 林	1.915	8.093	2.953	1.394	1.944
黑龙江	0.361	5.816	2.890	1.331	1.773
上 海	0.517	5.103	2.810	1.344	1.807
江 苏	1.982	10.625	6.320	2.338	5.468
浙 江	0.358	8.170	3.745	1.986	3.944
安 徽	1.350	5.065	2.549	0.888	0.788
福 建	0.185	8.312	2.499	1.785	3.187
江 西	0.144	3.257	1.573	0.779	0.606
山 东	2.234	30.841	9.977	6.727	45.254
河 南	0.272	11.404	5.742	2.476	6.131
湖 北	0.924	6.351	4.116	1.479	2.187
湖 南	0.067	10.060	4.101	2.603	6.776
广 东	0.736	6.877	4.516	2.054	4.218
广 西	1.058	2.949	1.729	0.451	0.203
海 南	0.029	0.466	0.215	0.12	0.015
重 庆	0.594	5.923	2.578	1.163	1.352
四 川	0.018	11.848	4.702	2.604	6.783

续表

省（区、市）	极小值	极大值	均值	标准差	方差
贵 州	1.315	9.264	3.353	2.321	5.385
云 南	0.646	3.804	2.262	0.875	0.765
陕 西	0.052	2.811	1.575	0.803	0.645
甘 肃	0.026	3.283	1.382	0.977	0.955
青 海	0.112	1.867	0.766	0.513	0.263
宁 夏	0.159	6.473	1.044	1.447	2.095
新 疆	0.226	3.791	1.407	1.079	1.164

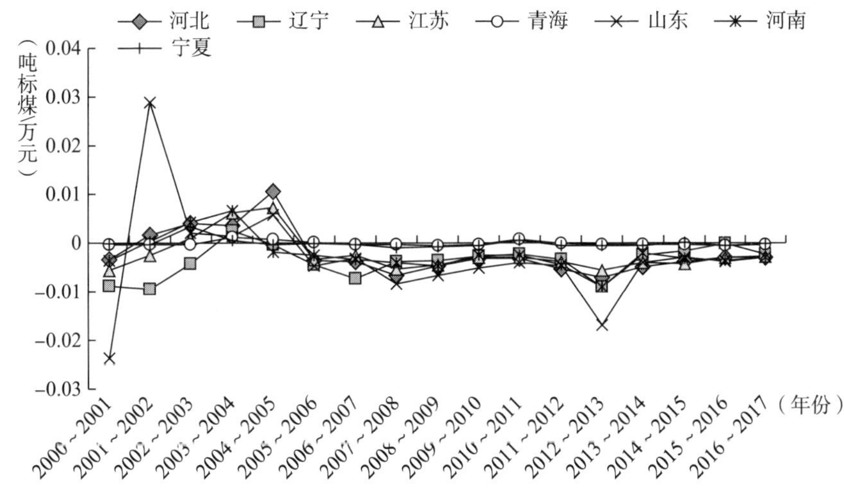

图 6-3　7 个省（区）效率因素对中国能源效率影响的贡献值

30 个省（区、市）效率因素对总体能源效率的影响在绝对值上都远高于结构因素的影响。以北部沿海综合经济区的山东为例，在考察期间，二者对能源效率的影响在绝对值上相差了 0.00273 吨标准煤 / 万元。

综上所述，2000~2017 年，中国能源效率提升的动因主要为 30 个省（区、市）效率因素的贡献；结构因素的贡献在绝对值上与效率因素相比差别显著；30 个省（区、市）的结构因素贡献值对总体能源效率的影响，本来在绝对值上相对于效率因素就不显著，再由于一些省（区、市）对能耗强度的下降贡献为正，一些经济区的贡献为负，这在整体上内耗了结构因素对中国总体能耗强度下降的贡献，更凸显了中国总体能耗强度的下降是由30个省（区、市）效率因素的贡献造成的，30个省（区、市）结构因素对中国总体能源效率的提高作用更不明显。

第七章

回弹效应对省域能源效率的影响分析

能源本身并不会带来任何产出，必须结合其他重要相关要素，如资本、劳动力等，能源效率的提高也依赖于全要素生产率的改善（Boyd and Pang，2000；Hu and Wang，2006）。在投入要素结构和数量不变的情况下，全要素生产率的提高将导致更多的产出，等同于同样的能源生产了更多的产出，单要素能源效率必然提高。对技术进步如何影响能源效率的研究其实也属于全要素生产率研究范围内的一部分，技术进步能提高能源效率进而节约能源，但是技术进步同时能促进经济增长，从而增加额外的能源需求，因此产生回弹效应。回弹效应取决于能源成本和能源需求，发展中国家的回弹效应普遍高于发达国家。中国作为发展中国家，无视或忽视回弹效应将严重高估能源效率提高对节能的贡献。由于回弹效应在很大程度上决定了节能效果的实现，所以，基于数据客观地研究中国是否存在回弹效应，测算回弹效应的大小尤为重要。

考虑到30个省（区、市）技术进步的差异性，我们首先对30个省（区、市）的全要素生产率进行了测算。全要素生产率（Total Factor Productivity，TFP）作为分析经济增长源泉的重要工具，在研究方法上，目前仍以传统的Solow余值法居多。在分解程度上，对技术效率的再分解文献少见，Malmquist指数可以把全要素生产率分解为3个部分，即技术进步指数、纯技术效率指数、规模效率指数。这3个分解指数中的技术进步指数可以作为后续分析省级能源消费回弹效应的一个基础。本章对30个省（区、市）的全要素生产率进行分解后，选取了样本在

2000~2017 年考察期间技术进步指数最高的省（区、市）进行能源消费回弹效应的测算与分析。

第一节　省域全要素生产率分析

一　计量模型：Malmquist 生产力指数

Malmquist 生产力指数（MPI）是一种动态数据包络分析（DEA）方法，于 1953 年由 Malmquist 提出，Caves 和 Fare 分别于 1982 年和 1994 年将其进一步完善，用来考察全要素生产率（TFP）增长的 Malmquist 指数可用 Shephard 距离函数将全要素生产率分解为技术进步指数（*TECHCH*）、纯技术效率指数（*PECH*）、规模效率指数（*SECH*）。Malmquist 指数的计算建立在距离函数的基础上。它用于描述不需要说明具体行为标准（例如成本最小化和利润最大化）的多个投入变量和多个产出变量的生产技术。运用产出导向方法或投入导向方法能够定义距离函数，具体来说，给定投入变量矩阵，一个产出距离函数定义为投入变量矩阵的最小比例项；同样，给定产出变量矩阵，一个投入距离函数可以看作产出变量矩阵的最大比例项。

假设距离函数有如下的定义形式：

$$D^t(X^t, Y^t) = \min\{\delta : (X^t, Y^t/\delta) \in S^t\} \tag{7-1}$$

公式（7-1）中，系数 δ 决定了在第 t 期生产技术 S^t 的外部约束下，投入向量在目前的产出状态下，达到 t 期生产前沿面时可以获得的最大可行性的产出向量的扩展程度。只要投入产出集 $D^t(X^t, Y^t)$ 是在技术集 S^t 的约束下，公式（7-1）定义的距离函数取值将在小于或者等于 1 的范围内，即 $D^t(X^t, Y^t) \leq 1$，如果某个决策单元距离函数 $D^t(X^t, Y^t)=1$，那么，决策单元位于第 t 期的生产前沿面上，本生产单元在生产上是技术有效的，如果不再继续增加投入，产出将不可能继续增加。全要素生产率的 Malmquist 生产力指数由如下 4 个距离产出函数构成。

$$D^t(X^t,Y^t)=\min\{\delta:(X^t,Y^t/\delta)\in S^t\} \tag{7-2}$$

$$D^s(X^s,Y^s)=\min\{\delta:(X^s,Y^s/\delta)\in S^s\} \tag{7-3}$$

$$D^t(X^s,Y^s)=\min\{\delta:(X^s,Y^s/\delta)\in S^t\} \tag{7-4}$$

$$D^s(X^t,Y^t)=\min\{\delta:(X^t,Y^t/\delta)\in S^s\} \tag{7-5}$$

如果假设规模报酬（CRS）不变，测量 TFP 的 *MPI* 可表示如下：

$$MPI=\left[\frac{D^s_{CRS}(X^t,Y^t)D^t_{CRS}(X^t,Y^t)}{D^s_{CRS}(X^s,Y^s)D^t_{CRS}(X^s,Y^s)}\right]^{\frac{1}{2}} \tag{7-6}$$

对上述等式进行变换，Malmquist 生产力指数可以被分解成技术进步指数（*TECHCH*）和技术效率指数（*EFFCH*），具体函数形式如下：

$$\text{技术进步指数}(TECHCH)=\left[\frac{D^s_{CRS}(X^t,Y^t)D^s_{CRS}(X^s,Y^s)}{D^t_{CRS}(X^t,Y^t)D^t_{CRS}(X^s,Y^s)}\right]^{\frac{1}{2}} \tag{7-7}$$

$$\text{技术效率指数}(EFFCH)=\frac{D^t_{CRS}(X^t,Y^t)}{D^s_{CRS}(X^s,Y^s)} \tag{7-8}$$

技术进步指数测量了决策单元在相同的投入向量下，在从 t 期跨越到 s 期时，由于技术约束的改变，整个决策单元生产前沿面的变动。

技术效率指数测量了一个决策单元在不变规模的假设下，在从 t 期跨越到 s 期时，其位置相对于生产前沿面的变动。

根据 Fare 等（1994）的成果，Malmquist 生产力指数可以分解为技术效率指数和技术进步指数两部分，技术效率指数能被进一步分解为纯技术效率指数（*PECH*）和规模效率指数（*SECH*），这 2 个指数可用如下函数表示：

$$\text{纯技术效率指数}(PECH)=\frac{D^t_{VRS}(X^t,Y^t)}{D^s_{VRS}(X^s,Y^s)}' \tag{7-9}$$

$$\text{规模效率指数}(SECH)=\frac{D^t_{CRS}(X^t,Y^t)/D^t_{VRS}(X^t,Y^t)}{D^s_{CRS}(X^s,Y^s)/D^s_{VRS}(X^s,Y^s)} \tag{7-10}$$

纯技术效率指数表示决策单元在 2 期不同的技术约束状态下，后期相对于基期其自身生产前沿面位置变动的比率。规模效率指数表示一个决策单元不变规模收益下的具体函数与可变规模状态下距离函数的比值。因此，表示全要素生产率的 Malmquist 指数可表述为技术进步指数、纯技术效率指数和规模效率指数的乘积：

$$MPI = TECHCH \times PECH \times SECH \quad (7\text{-}11)$$

Malmquist 生产力指数若大于 1，表示全要素生产率相对进步；若小于 1，表示全要素生产率相对退步。技术进步指数（*TECHCH*）若大于 1，表示相对技术进步；*TECHCH* 若小于 1，表示相对技术退步。同理，纯技术效率指数（*PECH*）和规模效率指数（*SECH*）可做类似判断。

二　模型估计及分析

实证分析的样本为 2000~2017 年 30 个省（区、市）的数据，在实证分析中，为了得出更有普遍性的结论，本研究同时对 30 个省（区、市）所属的经济区进行了划分。中国各省（区、市）2000~2017 年经济产出、固定资产投资和劳动力数据来源于《中国统计年鉴》和中国统计数据应用支持系统数据库。各省（区、市）能源消费数据来源于各省（区、市）的统计年鉴。非标量能源换算标准煤参考系数来源于《中国能源统计年鉴 2017》。各地区生产总值折算为 2000 年价格，折算指数由《中国财政年鉴 2016》、中宏数据库内的各省（区、市）国内生产总值指数和各省（区、市）2000~2017 年当年不变价格的 GDP 计算得出。各省（区、市）固定资产投资平减为 2000 年不变价格，部分数据来自国研网统计数据库。根据固定资产投资平减系数和各地区以当年价计算的固定资产投资，可计算出各省（区、市）以 2000 年为不变价格的当年投资额。省际资本存量计算公式如下：

$$K_t = K_{t-1}(1 - \delta_t) + I_t \quad (7\text{-}12)$$

其中，t 指第 t 年，式中一共涉及 4 个变量，K_t 表示当年资本存量；$K_{t\text{-}1}$ 表示前一年的资本存量；δ 表示经济折旧率；I 表示当年的投资。其中 K_t、$K_{t\text{-}1}$、I_t 3 个变量已经计算出；现在需要确定的是经济折旧率这个变量。本书采用张军等（2004）在计算省际资本存量所计算得出的折旧率。

按照经济特征，中国所有区域主要划分为八大经济区，本书研究所用的 30 个省（区、市）分别属于下列经济区：黄河中游综合经济区（陕西、山西、河南、内蒙古）、长江中游综合经济区（湖北、湖南、江西、安徽)、东北综合经济区(辽宁、吉林、黑龙江)、北部沿海综合经济区(北京、天津、河北、山东)、东部沿海综合经济区(上海、江苏、浙江)、南部沿海经济区(福建、广东、海南)、大西南综合经济区(云南、贵州、四川、重庆、广西)、大西北综合经济区(甘肃、青海、宁夏、新疆)。为了研究全要素能源效率的区域特征，本节实证研究的30个省(区、市)的部分分析也按照上述八大经济区分类进行比较。由中国30个省(区、市)2000~2017年各项投入和产出指标的具体数据，本书计算了2000~2017年中国30个省(区、市)行业的全要素生产率指数(Malmquist生产力指数)及其构成要素的变动情况。

图7-1给出中国2000~2017年累积全要素生产率指数、累积技术进步指数和累积技术效率指数分解结果，显示了30个省(区、市)历年全要素生产率指数及其2个分解指数的累积情况。从图7-1、表7-1和表7-2可以看出，2000~2017年中国全要素生产率的平均增长率为1.8%，累积增长率为36.4%，上升趋势显著。进一步分析可知，这种提高主要来源于技术进步，其累积增长率为101%。技术效率却出现了退化现象，平均增长率为-0.14%，累积退化幅度则达32.3%。从不同的期间来看，很明显中国全要素生产率的变化可分为2000~2005年和2005~2017年两个阶段。2000~2005年，全要素生产率指数与技术进步指数、技术效率指数3条累积线基本重合。2005~2017年全要素生产率指数与技术进步指数的差值显著，技术效率已逐步成为全要素生产率提高的桎梏。2006~2017年，全要素生产率指数只有1年小于1，而技术效率指数都是小于1的。这种累积效应导致全要素生产率指数与技术效率指数的差值在逐年增大。全要素生产率的提高主要源于技术进步，这表明中国各省(区、市)普遍重视行业技术的进步与创新。

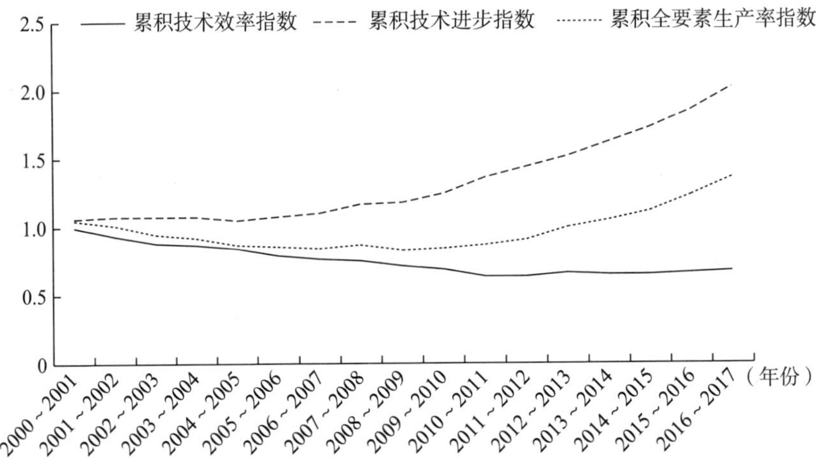

图 7-1　中国 30 个省（区、市）历年累积全要素生产率指数及其分解

对 30 个省（区、市）全要素生产率的计算结果表明，2000~2017 年，30 个省（区、市）的全要素生产率指数的变异系数由 2000 年的 0.221 下降到 2017 年的 0.125，省域全要素生产率趋于收敛。

考察期间，技术效率的这种退化主要是由纯技术效率（管理效率、知识经验积累等）和规模效率共同作用导致的（见图 7-2）。而 2000~2017 年中国规模效率指数累积线走势平缓，表现出略微退化的迹象，规模效率指数在考察期内的大多数年份都在 1 附近波动。

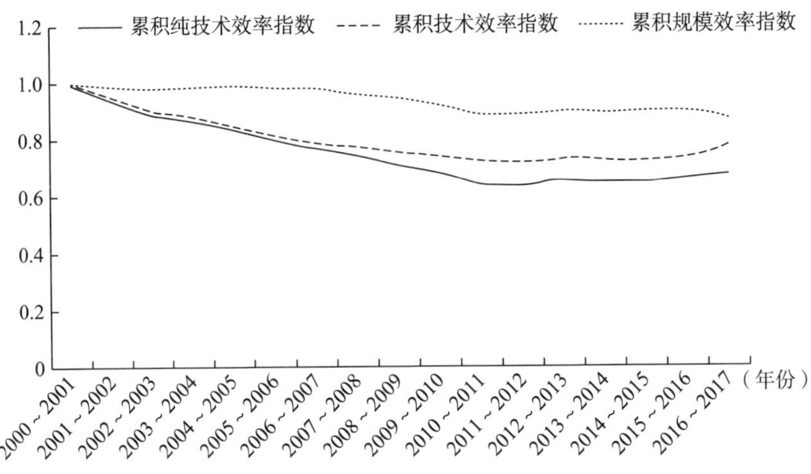

图 7-2　中国 30 个省（区、市）历年累积技术效率指数及其分解

表 7-1　中国 30 个省（区、市）2000~2008 年技术进步指数

经济区	省（区、市）	2000~2001年	2001~2002年	2002~2003年	2003~2004年	2004~2005年	2005~2006年	2006~2007年	2007~2008年
北部沿海	北 京	1.157	1.101	1.055	1.034	1.080	1.112	1.184	1.204
	天 津	1.124	1.029	1.009	1.014	0.990	1.039	1.071	1.049
	河 北	1.055	1.022	1.009	0.979	0.965	1.014	1.022	1.040
	山 东	1.062	1.024	0.972	0.999	0.983	1.035	1.036	1.043
黄河中游	陕 西	1.043	1.023	0.971	0.969	0.970	1.019	1.020	1.045
	山 西	1.026	1.017	1.015	0.981	0.971	1.006	1.020	1.031
	内蒙古	1.026	1.018	0.999	1.017	0.992	1.028	1.052	1.059
	河 南	1.002	1.020	0.992	0.965	0.959	1.002	1.016	1.043
东北	辽 宁	1.064	1.015	0.990	1.014	0.994	1.030	1.049	1.054
	吉 林	1.052	1.023	1.006	0.993	0.972	1.036	1.043	1.067
	黑龙江	1.044	1.019	1.015	0.974	0.947	0.991	1.009	1.027
东部沿海	上 海	1.140	1.071	1.060	1.059	1.032	1.071	1.103	1.034
	江 苏	1.087	1.006	1.004	1.005	0.978	1.043	1.037	1.054
	浙 江	1.052	1.002	1.033	1.019	0.993	1.048	1.039	1.049
南部沿海	海 南	1.073	0.979	1.026	1.067	1.069	1.028	1.056	1.171

续表

经济区	省（区、市）	2000~2001年	2001~2002年	2002~2003年	2003~2004年	2004~2005年	2005~2006年	2006~2007年	2007~2008年
南部沿海	福建	1.112	0.964	0.988	0.989	0.952	1.036	1.029	1.047
	广东	1.071	1.030	0.995	1.012	0.988	1.046	1.053	1.056
长江中游	江西	1.016	1.024	0.988	0.979	0.930	1.032	1.022	1.045
	安徽	1.016	1.021	0.983	0.968	0.972	1.021	1.022	1.045
	湖北	1.05	1.023	0.978	0.966	0.960	0.997	1.009	1.025
	湖南	1.032	1.023	0.966	0.968	0.965	0.999	1.009	1.025
大西南	广西	1.013	1.022	0.973	0.968	0.969	1.019	1.022	1.045
	重庆	1.04	1.023	0.985	0.988	0.946	1.032	1.027	1.047
	四川	1.022	1.022	0.973	0.967	0.964	1.003	1.009	1.025
	贵州	1.007	1.017	1.012	0.956	0.939	0.98	1.009	1.025
	云南	1.015	1.021	0.987	0.966	0.962	1.000	1.009	1.025
大西北	甘肃	1.011	1.018	1.011	0.959	0.94	0.98	1.009	1.025
	青海	1.124	0.998	0.988	0.993	0.963	1.000	1.009	1.025
	宁夏	1.058	1.018	0.991	1.016	0.99	1.031	1.029	1.045
	新疆	1.106	1.037	0.991	1.018	0.994	1.033	1.039	1.047

表 7-2　中国 30 个省（区、市）2008~2017 年技术进步指数

经济区	省（区、市）	2008~2009年	2009~2010年	2010~2011年	2011~2012年	2012~2013年	2013~2014年	2014~2015年	2015~2016年	2016~2017年
北部沿海	北 京	1.032	1.075	1.165	1.083	1.100	1.118	1.112	1.544	1.362
	天 津	1.066	1.036	1.078	1.064	0.914	1.073	1.073	1.166	1.063
	河 北	0.978	1.045	1.078	1.055	1.086	1.074	1.053	1.046	1.049
	山 东	1.002	1.027	1.071	1.049	1.113	1.058	1.059	1.048	1.052
黄河中游	陕 西	1.055	1.038	1.075	1.050	1.096	1.071	1.054	1.047	1.050
	山 西	0.948	1.130	1.186	1.039	0.887	1.073	1.073	1.066	1.074
	内蒙古	1.049	1.076	1.069	1.064	0.878	1.073	1.073	1.066	1.063
	河 南	1.039	1.033	1.073	1.047	1.127	1.056	1.066	1.051	1.057
东北	辽 宁	1.060	1.034	1.073	1.064	0.965	1.073	1.073	1.053	1.087
	吉 林	1.060	1.042	1.073	1.051	1.111	1.059	1.062	1.051	1.057
	黑龙江	0.954	1.052	1.074	1.052	1.104	1.067	1.039	1.037	1.050
东部沿海	上 海	1.073	1.086	1.217	1.067	0.974	1.076	1.046	1.293	1.725
	江 苏	1.056	1.038	1.075	1.049	1.130	1.062	1.056	1.047	1.050
	浙 江	1.052	1.032	1.072	1.048	1.136	1.056	1.066	1.051	1.057
南部沿海	海 南	1.033	1.049	1.075	1.050	1.150	1.056	1.066	1.164	1.057

续表

经济区	省（区、市）	2008~2009年	2009~2010年	2010~2011年	2011~2012年	2012~2013年	2013~2014年	2014~2015年	2015~2016年	2016~2017年
南部沿海	福建	1.058	1.038	1.075	1.050	1.150	1.056	1.066	1.051	1.057
	广东	0.984	1.020	1.070	1.053	1.092	1.068	1.042	1.039	1.055
长江中游	江西	1.061	1.042	1.075	1.050	1.150	1.056	1.066	1.051	1.057
	安徽	1.061	1.042	1.075	1.050	1.150	1.056	1.066	1.051	1.057
	湖北	0.985	1.024	1.068	1.047	1.125	1.056	1.066	1.051	1.057
	湖南	0.981	1.022	1.064	1.049	1.122	1.057	1.066	1.051	1.057
大西南	广西	1.055	1.042	1.075	1.050	1.150	1.056	1.066	1.051	1.057
	重庆	1.054	1.038	1.076	1.047	1.130	1.056	1.066	1.051	1.057
	四川	0.988	1.030	1.067	1.049	1.112	1.059	1.056	1.049	1.057
	贵州	0.927	1.130	1.157	1.060	1.088	1.068	1.046	1.045	1.057
	云南	0.984	1.023	1.064	1.050	1.110	1.059	1.056	1.051	1.057
大西北	甘肃	0.927	1.083	1.072	1.053	1.097	1.063	1.051	1.046	1.052
	青海	0.939	1.130	1.186	1.050	0.878	1.073	1.073	1.066	1.063
	宁夏	0.969	1.130	1.177	1.058	0.878	1.073	1.073	1.066	1.063
	新疆	0.964	1.130	1.183	1.053	0.878	1.073	1.073	1.066	1.063

考察期内，技术效率的遏制因素更多地表现在纯技术效率指数上，纯技术效率指数与技术效率指数的变化呈现明显的同方向变动，2000~2012 年 2 条累计线的走势向右下方倾斜，这说明中国技术效率和管理水平存在明显的同步现象，而且纯技术效率指数一直小于技术效率指数，对技术进步的抑制作用更大。

东部沿海综合经济区和北部沿海综合经济区的全要素生产率表现最好，年均技术进步率明显高于其他 6 个区，年均增长率分别为 6.23% 和 4.77%。南部沿海经济区和东北综合经济区全要素生产率次之，年均全要素生产率增长率为 2.07%~3.32%。黄河中游综合经济区（陕西、山西、河南、内蒙古）、长江中游综合经济区（湖北、湖南、江西、安徽）、大西南综合经济区（云南、贵州、四川、重庆、广西）、大西北综合经济区（甘肃、青海、宁夏、新疆）4 个经济区全要素生产率相对于上述 4 个经济区来说，均无增长表现，年均增长率基本为 0 或略微退化，大西南综合经济区、大西北综合经济区的全要素生产率相对于其他经济区进步较慢，与前 4 个经济区差别显著，两者的差别主要来自技术效率的贡献。

就分省情况来看，2000~2017 年中国 30 个省（区、市）的年均全要素生产率指数，除 10 个省（区、市）指数在 0.987 和 0.997 之间略有下降，其余 20 个省（区、市）普遍表现出增长趋势，整个国家 2000~2017 年的全要素年均增长率为 1.8%。

2000~2017 年，30 个省（区、市）的年均技术进步指数所有年份均高于 1 的地区有 1 个，为北部沿海综合经济区的北京，在考察期内北京的年均全要素生产率增长率也最高，为 14.2%。

由技术进步指数分解结果可知，2000~2017 年中国 30 个省（区、市）的年均技术进步指数全部大于 1，普遍表现出增长趋势，从时间段上看，中国的技术进步在 2003~2004 年、2004~2005 年略微负增长后，其余年份全部表现为年均正增长。整个国家 2000~2017 年的技术进步年均增长率为 4.2%，高于年均全要素生产率增长率 2.4 个百分点，在整个考察期间，30 个省（区、市）全要素生产率的提高完全是由技术进步推动的。

技术进步略有正增长，但年均增长率小于3%的地区主要出现在大西南综合经济区的云南和贵州、大西北综合经济区的甘肃、长江中游综合经济区的湖南和湖北、东北综合经济区的黑龙江，其贡献共占30个省（区、市）的20%。30个省（区、市）中大多数省（区、市）的全要素生产率的增长受到技术效率下降的抑制，技术效率的下降主要来源于纯技术效率的下降和规模效率下降的共同作用，但在不同的综合经济区，纯技术效率和规模效率对省级技术效率的下降所产生的影响是不同的。

在北部沿海综合经济区、南部沿海经济区和东部沿海综合经济区，纯技术效率指数和规模效率指数基本保持在1或略高于1的状态，这样使这3个经济区的技术效率表现出既不增长也不退化的形态。

在大西南综合经济区、大西北综合经济区、长江中游综合经济区和黄河中游综合经济区，纯技术效率指数和规模效率指数普遍小于1，二者都表现出退化形态。

东北综合经济区则表现出规模效率指数大于1而纯技术效率普遍下降的形态。这表明不同经济区下的省（区、市），其纯技术效率和规模效率对省级技术效率的影响路径是不同的。

表7-3为北京2000~2017年全要素生产率指数及其分解指数。在17年间，北京一直处于30个省（区、市）截面数据构建的生产前沿上。2000~2017年，北京技术效率指数一直为1，并没有对全要素生产率的增长造成遏制。其全要素生产率指数和技术进步指数保持一致，2015~2016年、2016~2017年，其技术进步指数达到17年来的2个高点，相比考察期间的指数平均值分别高出0.396和0.214。北京的技术进步完全可反映在全要素生产率的增长上，下一节内容将以北京为测算样本，在省级层面考察技术进步对能源效率的回弹效应 。

表7-3　北京2000~2017年全要素生产率指数及其分解指数

时间段	技术进步指数	技术效率指数	全要素生产率指数
2000~2001年	1.157	1	1.157
2001~2002年	1.101	1	1.101

续表

时间段	技术进步指数	技术效率指数	全要素生产率指数
2002~2003 年	1.055	1	1.055
2003~2004 年	1.034	1	1.034
2004~2005 年	1.184	1	1.184
2005~2006 年	1.112	1	1.112
2006~2007 年	1.080	1	1.080
2007~2008 年	1.204	1	1.204
2008~2009 年	1.032	1	1.032
2009~2010 年	1.075	1	1.075
2010~2011 年	1.165	1	1.165
2011~2012 年	1.083	1	1.083
2012~2013 年	1.100	1	1.100
2013~2014 年	1.118	1	1.118
2014~2015 年	1.112	1	1.112
2015~2016 年	1.544	1	1.544
2016~2017 年	1.362	1	1.362

第二节　北京市能源消费回弹效应

本书基于北京 2000~2017 年的数据在省级层面估算了北京能源消费的回弹效应，不但扩充了能源消费回弹效应在国内的相关研究，也为决策部门制定合理的能源政策提供了客观依据。

一　回弹效应文献

1865 年，英国经济学家 Jevons 的研究认为，技术改进并没有减少煤炭的使用量，能源效率的提高反而使能源的消费量增加，这就是杰文斯悖论。“回弹效应”（Rebound Effect）是能源经济学中的一个著名命题，能源回弹效应是 Henry Saunders 在 Khazzoom（1980）和 Brookes（1992）的研究基础上于 1992 年提出的，Saunders（1992）通过进一步的研究得出结论：对于企业而言，能源效率提高意味着减少能源投入仍可以获得等量产出，也意味着其他投入要素（如资本、劳动力）可能会被能源代替。技术进步一直被认为是节约能源和减少碳排放的重要手段，但是提高的能源效率可能会导致能源服务的单位价格降低，从而引发更多的能源消费，最终导致效率提高所节约的能源被额外的能源消费部分抵消（Berkhout et al.，2000）。Schipper 和 Grubb（2000）、Greening 等（2000）针对能源服务的研究，认为在经济增长过程中，能源回弹效应只是一个很少的量，发生部分回弹效应。Wei（2010）在 Saunders 研究的基础上，使用普适性生产函数形式（general form of the production function），提出能源供给的有限性会限制能源回弹效应的大小，因此它是影响回弹效应大小的决定性因素，而在短期内，能源作为一个生产要素，与其他要素之间的替代性也影响了回弹效应的大小，长期回弹效应一般会比短期回弹效应更小。Mizobuchi（2008）利用日本的家庭数据，测算出日本能源回弹效应近似为 27%，而且发现，考虑资本投入以后，能源回弹效应大大增强了。

薛曜祖（2015）利用 GES 模型测算中国 1981~2012 年的能源回弹效应，结果表明，中国能源回弹效应大部分年份为部分回弹效应，短期能源回弹效应均值为 12.21%，长期能源回弹效应均值为 52%。龚新蜀等（2017）通过引入包含资本、劳动力和能源消费的三要素柯布 – 道格拉斯生产函数，对西部地区 1978~2014 年能源回弹效应进行经验测算，结果表明，西部地区能源回弹效应处于部分回弹区间。

二　回弹效应计量方法

国外文献中回弹效应的价格弹性模型需要能源价格数据，所估算的回弹效应是市场对技术进步引起的能源效率提升的反应。但利用价格弹性分析回弹效应需要以市场出清效应和能源市场化机制为前提，是基于市场化的价格体系和精准的数据来测算的。这使得通过价格弹性模型测算中国省（区、市）的能源回弹效应很难实现。同品种能源在中国能源富集的黄河中游综合经济区、大西北综合经济区和东部沿海综合经济区价格差异很大；中国各类能源在不同时间的数据具有稀缺性和难以获取性。国内的计量方法主要是利用新古典三要素生产函数，用全要素生产率的改变来表示能源效率的提高。本书采用新古典经济增长理论，按照 Solow 余值法计算技术进步贡献率，进而估算由技术进步引起的能源消费的回弹效应。

本书对能源回弹效应的定义，即能源回弹量是由技术进步导致的能源消费的增加量与效率提高后能源的节约量的比值。计算北京的能源回弹效应时，主要是计算技术进步所引发的能源消费增量与技术进步使能源效率提高后节约的能源量的比值。

能源强度（单位产值能耗）是衡量能源效率的主要指标，回弹效应测算模型的构建也以此为基础。假定北京总产出（亿元）为 Y，E 为北京能源消费量（万吨标准煤），EI 为能源消费强度（吨标准煤 / 万元），σ 为技术进步贡献率，RE 为能源回弹效应，则 t 年的能源消费量为 $E_t=Y_t\times EI_t$。在 $t+1$ 年的经济生产活动中，经济产出为 E_{t+1}，但该年经济单位因为技术进步，能源强度下降为 EI_{t+1}，能源总消费量为 $E_{t+1}=Y_{t+1}\times EI_{t+1}$，则因为技术进步降低了能源强度而节约的能源量为：

$$\Delta E=Y_{t+1}\times(EI_t-EI_{t+1}) \tag{7-13}$$

但是，除了生产要素的投入以外，技术进步在带来能源强度变动的同时，也使经济进一步扩张，从而增加对能源的需求，令 $\sigma_{t+1}\times(Y_{t+1}-Y_t)$ 为 $t+1$ 年由技术进步带来的经济扩张量，其中 σ_{t+1} 为 $t+1$ 年技术进步对经济增长的贡献率，则技术进步带来的经济扩张量又会产生新的能源需求量：

$$\sigma_{t+1}\times(Y_{t+1}-Y_t)\times EI_{t+1} \tag{7-14}$$

因此，$t+1$ 年技术进步的回弹效应为：

$$RE_{t+1}=\frac{\sigma_{t+1}\times(Y_{t+1}-Y_t)\times EI_{t+1}}{Y_{t+1}\times(EI_t-EI_{t+1})} \tag{7-15}$$

式（7–15）中，RE_{t+1} 表示 $t+1$ 年的回弹效应。对于回弹效应的具体计算，经济总产出、能源强度均可以从统计资料获取或通过简单的间接转换计算得到。技术进步对经济增长的贡献率无法通过简单换算统计数据获得，采用合适的方法测算技术进步贡献率成为回弹效应测算的重要部分。技术进步对经济增长贡献率的测算普遍采用 Solow 余值法。本书采用 Solow 余值法，在传统的资本、劳动投入要素中，再加入能源作为一个单独的生产投入要素，测算北京的技术进步贡献率。

模型包括的投入要素为资本、劳动和能源，则其总量生产函数为：

$$Y=A_0e^{\alpha t}K^{\alpha}L^{\beta}E^{\gamma} \tag{7-16}$$

式中，α、β、γ 分别代表资本、劳动和能源的产出弹性。这个生产函数会随着时间的变化而发生变化。定义 2000 年为时间变量的基年，对式（7–16）两边取对数，即：

$$\ln Y=\ln A_0+\alpha t+\alpha\ln K+\beta\ln L+\gamma\ln E \tag{7-17}$$

通过回归分析，可以获得资本、劳动和能源的产出弹性 α、β、γ 的值。设 G_Y、G_K、G_L、G_E 分别为经济产出、资本投入、劳动投入和能源投入相对于基期的增长率，则全要素生产率对经济增长率的贡献度为：

$$\sigma=\frac{G_Y-\alpha\times G_K-\beta\times G_L-\gamma\times G_E}{G_Y} \tag{7-18}$$

因此，只需将式（7–18）代入式（7–15），即可计算出技术进步的回弹效应。

若 $RE>1$，为逆反回弹效应，表示技术进步推动的经济增长不仅完全消耗其所节省的能源，还消耗了新的能源。若 $RE=1$，为完全回弹效应，表示技术进步推动的经济增长刚好消耗其所节省的能源。若 $0<RE<1$，为部分回弹效应，表示技术进步推动的经济增长部分消耗的能源量小于其所节省的能源量。若 $RE=0$，为零回弹效应，表示技术进步所节省的能源真正地节省下来。

回弹效应的大小可以反映技术进步带来的能源效率的提升到底会增加还是减少能源消费，这会影响能源政策的效果。高回弹效应意味着技术进步政策需要能源价格政策或能源税收政策来加强技术进步对能源消费的减量效应。

三　北京市回弹效应的估算

北京市生产总值、能源和劳动力年度数据来源于《北京统计年鉴》

（2001~2018 年）、《中国能源统计年鉴》（2000~2018 年）。北京市生产总值按照 GDP 折算系数折算为 2000 年的不变价。资本存量（K）无相关数据，也无固定资产投资折算系数，本书按照如下方法得到按不变价格计算的北京资本存量数据。

根据《中国国内生产总值核算历史资料 1952~2004（中英文本）》、《北京统计年鉴》（2001~2018 年）提供的以不变价格衡量的固定资本形成总额指数，可以计算出北京固定资产投资隐含平减指数。以 2003 年的北京固定资本形成指数为例：

$$\text{2003 年北京固定资本形成总额指数(上一年=1)} = \frac{\text{2003 年固定资本形成总额(当年价格)/2003 年固定资产投资隐含平减指数(上一年=1)}}{\text{2002 年的固定资本形成总额(当年价格)}} \tag{7-19}$$

利用《中国国内生产总值核算历史资料 1952~2004（中英文本）》、《北京统计年鉴》（2001~2018 年）中的北京各年固定资产投资当年价格，就可以计算出北京各年环比投资隐含平减指数，然后再折算成以 2000 年为不变价格的北京定基固定资产投资平减指数。我们用计算得出的北京定基固定资产投资指数作为北京的固定资产投资平减指数，结合《北京统计年鉴》（2001~2018 年）提供的北京当年的固定资产投资数据，可计算出北京以 2000 年为不变价格的当年投资额。北京资本存量的计算以 1978 年为基准年，按永续盘存法以 1978 年为不变价格计算各年的资本存量。北京固定资本形成总额的经济折旧率 δ 是 9.6%。

（1）能源投入数据（*energy*）。按照经济合作与发展组织（OECD）和国际能源署（IEA）的定义，终端能源消费是终端用能设备入口得到的能源。因此终端能源消费量等于一次能源消费量减去能源加工、转化和储运这三个中间环节的损失以及能源工业所用能源后的能源量。所以本书采用终端能源消费数据作为能源投入数据，单位为万吨标准煤。

（2）产出数据（*captial*）。以 2000~2017 年北京市生产总值为产出指标，将其折算为以 2000 年为基年的不变价格的 GDP，单位为亿元。

（3）劳动投入数据（*labor*）。以 2000~2017 年的北京历年年底的社会就业人数作为劳动投入指标。取社会就业人数而非人口数是为了更好地刻画北京市劳动资源实际情况，单位为万人。

本书选取2000~2017年共计18年数据计算北京经济增长过程中，技术进步带来的能源消费的回弹效应。

各个生产要素产出弹性计算的准确性是计算北京回弹效应精确性的重要前提，根据表7-4的数据，对变量做皮尔森（Pearson）相关系数检验，对变量进行相关分析，结果（见表7-5）显示，劳动、资本、能源、时间趋势变量存在高度相关。

表7-4　按2000年价格计算的北京2000~2017年能源产出数据

年份	产业增加值（亿元）	能源消费量（万吨标准煤）	产业增加值年均增长率（%）	能源消费量年均增长率（%）	能源消费弹性系数
2000	3161.0000	4144.0000	—	—	—
2001	3531.1531	4313.0000	0.1171	0.0408	0.3483
2002	3937.9419	4436.0000	0.1161	0.0346	0.2982
2003	4370.7218	4648.0000	0.1141	0.0390	0.3419
2004	4986.9935	5140.0000	0.1207	0.0553	0.4582
2005	5590.4197	5522.0000	0.1208	0.0591	0.4892
2006	6305.9935	5904.0000	0.1220	0.0608	0.4982
2007	7220.3625	6285.0000	0.1252	0.0613	0.4895
2008	7877.4155	6327.0000	0.1209	0.0543	0.4493
2009	8680.1241	6570.0000	0.1188	0.0525	0.4423
2010	9574.1769	6954.0000	0.1172	0.0531	0.4533
2011	10349.6853	6995.0000	0.1139	0.0487	0.4281
2012	11149.7159	7178.0000	0.1108	0.0468	0.4229
2013	12008.2441	6724.0000	0.1081	0.0379	0.3508
2014	12884.8459	6831.0000	0.1056	0.0363	0.3443
2015	13773.9002	6853.0000	0.1031	0.0341	0.3308
2016	14709.1481	6962.0000	0.1009	0.0330	0.3267
2017	15700.5447	7028.4391	0.0989	0.0316	0.3193

资料来源：根据相关材料计算整理。

表 7–5　北京各投入因素的皮尔森相关系数检验

变量	统计量	*time*	ln*labor*	ln*energy*	ln*captial*
time	Pearson 相关性	1	0.965**	0.911**	0.984**
	显著性（双侧）	—	0.000	0.000	0.000
	N	18	18	18	18
ln*labor*	Pearson 相关性	0.965**	1	0.970**	0.986**
	显著性（双侧）	0.000	—	0.000	0.000
	N	18	18	18	18
ln*energy*	Pearson 相关性	0.911**	0.970**	1.000	0.957**
	显著性（双侧）	0.000	0.000	—	0.000
	N	18	18	18	18
ln*captial*	Pearson 相关性	0.984**	0.986**	0.957**	1
	显著性（双侧）	0.000	0.000	0.000	—
	N	18	18	18	18

注：样本数为 30 个，显著性为双尾检验，相关系数为皮尔森相关系数。** 表示在 1% 的水平下显著。

由于变量间的多重共线性比较显著（相关系数最高为 0.986），由 OLS 估计的结果容易失真。本书用岭回归进行估计，根据岭迹图，各变量系数在 0.17 趋于稳定，方差膨胀因子（VIF）在岭迹值趋于 0.17 时通过显著性检验；取岭参数值 k（k=0.17），应用 DPS 软件进行数据处理，岭回归估计结果见表 7–6。

表 7–6　北京市生产函数岭回归系数估计结果

变量	回归系数	标准误差	标准化回归系数	t 值	p 值
time	0.035902	0.002312	0.3717	15.52927	0
ln*labor*	0.447659	0.046651	0.197486	9.595958	0
ln*energy*	0.41616	0.070813	0.153796	5.876914	0.000027
ln*captial*	0.278613	0.017502	0.265789	15.91932	0
常数项	−72.0817	4.200566	0	−17.16	0

根据表 7–4 数据、表 7–6 弹性系数、式（7–14）至式（7–18）可以计算出北京由技术进步带来的潜在能源节约量、由它引起经济增长而增加的能源消费量以及回弹效应，结果见表 7–7。技术进步对能源强度的影响是一个动态变化的过程，2000~2017 年能耗强度均呈下降趋势，技术进步对能耗强度的下降效应为正值。

表 7–7　2000~2017 年北京由技术进步引起的能源增减量以及回弹效应值

时间段	技术进步贡献率	能源节约量	回弹值	回弹效应值
2000~2001 年	0.7887	316.26	356.59	1.127519977
2001~2002 年	0.6030	373.86	276.33	0.739127621
2002~2003 年	0.5483	275.52	252.37	0.915984023
2003~2004 年	0.4984	163.37	316.60	1.937926879
2004~2005 年	0.5228	239.94	311.59	1.298636856
2005~2006 年	0.5205	324.82	348.72	1.073593509
2006~2007 年	0.5366	475.08	427.07	0.898945008
2007~2008 年	0.6032	529.93	318.34	0.600708495
2008~2009 年	0.5729	401.72	348.09	0.866486627
2009~2010 年	0.5651	292.71	366.94	1.253587919
2010~2011 年	0.5934	522.27	311.02	0.595507904
2011~2012 年	0.5924	357.71	305.12	0.852966105
2012~2013 年	0.5949	1006.71	286.01	0.284105459
2013~2014 年	0.6101	383.85	283.52	0.738631017
2014~2015 年	0.6050	449.34	267.63	0.595607161
2015~2016 年	0.6062	356.32	268.34	0.753085045
2016~2017 年	0.6180	402.80	274.28	0.680928749

资料来源：根据能源消费回弹效应模型计算所得。

能源效率的提高会减少获取同等能源服务（产出）所需要的能源投入，但由技术进步引起的能源效率的提高往往会伴随能源需求的增加，因此会抵消部分由技术进步引起的潜在能源消费，即所谓的回弹效应。

这个定义表明：如果某一年份相对于基年的技术进步贡献率为负值；如果某一年份经济增长量相对于基年的差为负值；如果某一年份相对于基年的技术进步贡献率为正值，但能源强度相对于基年变大，即技术进步并没有带来能耗强度的降低，这 3 种情况下相应计算出的能源回弹效应值是无效的，这个回弹效应值并不具有经济应用层面的意义。表 7-7 显示，北京市在 2000~2017 年所有年份的技术进步贡献率均为正，能耗强度相对于前一基年表现出持续下降的趋势。因此由北京市 2000~2017 年的数据得到的 17 年的回弹效应值，全部具有经济学意义。

从表 7-4 和表 7-7 中的数据也可以看出，北京市技术进步贡献率和能源消费弹性系数并未保持一致性变动，如在 2004 年和 2005 年，北京市 2005 年的技术进步贡献率高于 2004 年的技术进步贡献率，但 2005 年北京市的能源消费弹性系数却大于 2004 年，即技术变化带来能源效率的非减量变化非但没有节约能源，在经济产出保持不变的情况下反而促进了能源消费量的增加。但这不等同于技术进步不能促进能源效率的提高。本书是基于省级层面对北京市的能源消费回弹效应进行分析，全市共辖 16 个区。这 16 个区具有不同的产业结构和能源强度结构，各区之间产业结构的调整以及同一区生产结构的调整，如高能耗强度地区的产值相对于低能耗地区的产值份额有所扩大，同一地区高能耗行业的比值有所扩大，这些都将导致北京市表现出技术进步率提高但能耗强度没有发生下降的外在形态。

各单独年份和各个区间段回弹效应值差异较大。2001~2010 年，北京能源消费的回弹效应值较高，平均为 107%，这个区间段回弹效应值最高的一年为 2004 年，回弹效应值为 194%，能源回弹效应表现出强回弹效应和回火现象，技术进步非但没有促进能源消费的节约，反而导致了更多的消费。2011~2017 年，北京能源消费的回弹效应值明显下降，表现稳定，在 28%~85% 范围内波动，平均回弹效应为 64.30%。从各个时间区段来看，2011 年以来，北京能源回弹效应值较低，远低于 2000~2017 年的平均值。

总体来讲，2000~2017 年北京由技术进步导致的能源消费的平均回弹效应为 89.49%。王群伟和周德群（2008）基于六大部门分类测算的 1981~2004 年中国的平均回弹效应为 62.8%；刘源远和刘凤朝（2008）测算的 1985~2005 年中国总体平均回弹效应为 53.68%；周勇和林源源（2007）计算出中国改革开放以后，能源回弹效应在 78% 左右波动。本书选取 2000~2017 年技术进步率最高的北京作为研究区域，计算出的北京回弹效应值较王群伟和周德群（2008）、周勇和林源源（2007）的测算结果高了 10~20 个百分点，王群伟和周德群、刘源远和刘凤朝对能源回弹效应的测算包括了生活消费部门和交通运输部门，而本研究仅对省级层面进行实证分析。相比目前在省级层面的回弹效应研究文献，李芳（2015）测算的广东省的能源回弹效应为 86%，广东省 2000~2017 年的平均技术进步指数为 1.039，而北京市 2000~2017 年的平均技术进步指数为 1.142，因此本节测算的北京实际回弹效应可靠性很好。

第三节　回弹效应对北京能源效率的影响分析

本章基于动态 DEA 的非参数 Malmquist 指数法，分析了中国 30 个省（区、市）2000~2017 年全要素生产率，并将全要素生产率的变动分解为技术进步、纯技术效率、规模效率 3 个指标。结果显示，中国主要省（区、市）全要素生产率的增长主要是由技术进步推动的，30 个省（区、市）的全要素生产率指数和技术进步指数存在明显极差，低效经济区学习和追赶高效经济区的效应应当发挥更大作用。基于 2000~2017 年技术进步指数最高的北京，使用北京 2000~2017 年 18 年的数据对由技术进步引起的能源回弹效应进行了实证分析，验证了中国技术进步对能源消费存在回弹效应这一命题。

回弹效应在北京表现非常明显，2001~2010 年特别是 2004 年、2005 年的技术进步却未能减少能源消耗。这种强回弹效应的存在，说明不能仅将技术进步作为提高能源效率的唯一手段来解决能源约束问题，适当的行业能源政策管制手段是有必要的。能源价格、税收调控手段是提高能源效率的必要补充。回弹效应程度的大小可以作为北京检验技术进步与其他能源效率调控政策配合效果的指标。

2011~2017 年，北京能源消费的回弹效应明显下降，表现稳定，在 28%~85% 范围内波动，平均回弹效应为 64.30%，处于部分回弹效应阶段，技术进步可以带来能源消费的节约。政府应该通过宏观经济政策激励企业的技术创新，在产业调整和振兴的重点任务中，应当加大技术改造力度和将技术进步提到十分重要的位置。实施产业技术进步与技术改造专项，以市场为主导，推进先进技术落地生根，加快淘汰落后技术和落后产能的步伐，加大对企业能源利用效率及能源环境影响的监督力度，为企业研发提高能源效率的技术提供技术补贴，降低企业研发成本，从而激励企业技术创新，提高能源效率。引进一批具有国际先进水平的科学技术及科研机构，加强先进生产、节能技术的开发与推广。

北京市的能源回弹效应在不同时期存在不同程度的波动，但总体上呈现下降趋势。由于能源回弹效应的存在，在通过技术进步提高能源利用效率的同时，应当改变经济的增长方式，运用政府管制、能源价格改革和产业结构调整等手段减少能源消费来控制能源回弹效应，达到节约能源的目的。

省域能源效率影响因素的长短期动态效应分析

——以云南为例

《云南省低碳发展规划纲要（2011—2020年）》提出，2020年云南省单位GDP的二氧化碳排放比2005年降低45%以上；云南“十二五”期间低碳发展重点工程总投资达1038.61亿元。《云南省节能“十三五”规划》提出“到2020年，全省万元工业增加值能耗比2015年下降16%”。云南是全国首批5省8市低碳发展试点省市之一。云南规划的城市群共计有滇中、滇西、滇东南、滇东北、滇西南、滇西北六大城市群，国内“一带一路”倡议的实施也是依托于以核心城市为中心的各大城市群。区域能源效率的提升，也将依托各区域低碳城市群空间模式来推动，这种能源效率提高模式符合中国23个城市群主导地区经济增长的趋势，基于州市层面对云南六大城市群能源效率影响因素的长短期效应进行评价研究具有现实政策意义。

第一节　能源效率影响因素的长短期效应计量模型与数据说明

一　计量模型

基于云南六大城市群所含16个州市相关数据可得性，本部分以行业技术进步、工业行业平均规模、能源价格、行业产权结构作为影响能源效率的变量即自变量，以环境约束下的全要素能源效率作为因变量，构建了一个云南六大城市群全要素能源效率影响函数模型。

$$\ln(TFEE)_{it}=\varepsilon+\alpha_1\ln(TECHCH)_{it}+\alpha_2\ln(SCALE)_{it}+\alpha_3\ln(PRICE)_{it}+\alpha_4 In(GOVCOL)_{it} \tag{8-1}$$

公式中，ln（*TFEE*）表示环境约束视角下的全要素能源效率的对数值，即在给定能源投入时实现最大意向性产出（如 GDP）和最小非意向性产出（即污染物排放）的能力；ln（*TECHCH*）表示行业技术进步的对数值，ln（*SCALE*）表示工业行业平均规模的对数值，ln（*PRICE*）表示能源价格的对数值，ln（*GOVCOL*）表示产权结构的对数值，α 表示需要估计的系数，i 表示各州市，t 表示时间。

（1）环境约束下的六大城市群 16 个州市全要素能源效率：以各州市 2005 年不变价 GDP 和非期望产出二氧化硫、二氧化碳排放量作为输出变量，以产业资本、人力资本、终端能源消费总量作为经济系统的输入变量，使用投入导向型 DEA 模型，获得 16 个州市环境约束下的全要素能源效率指数。计算 16 个州市全要素能源效率所用投入数据主要来源于 1992~2018 年《云南统计年鉴》、2013~2017 年《中国价格统计年鉴》、2008~2016 年《中国城市（镇）生活与价格年鉴》、中国统计数据应用支持系统数据库、国研网统计数据库、搜数网；部分能源数据来源于楚雄、临沧等各州市《国民经济和社会发展统计公报》和各州市统计年鉴。各州市资本存量数据以 1978 年为基准年，将各州市各年份的固定资产投资额转换为以 2005 年为基准价格的投资额，云南省各州市固定资本形成总额的经济折旧率 δ 是 9.6%（张军等，2004）。

（2）行业技术进步：云南各州市涉及的各种节能专项规划中包括工业节能、建筑节能、交通运输节能、公共机构节能、商业节能等多个行业，对电力、钢铁、有色金属、建材、石油加工、化工、煤炭等主要耗能行业的耗能设施设备实行节能改造。淘汰落后的生产工艺、设施和设备，筹集节能专项资金用于节能技术和产品的研发、示范和推广；鼓励各经济园区集中供气、供热，循环利用能源，采用先进的用能控制和监测技术。对清洁技术企业提供更为优惠的企业所得税、低息贷款和更高的上网电价补贴等，因此技术因素被作为影响能源效率的一个核心因素引入云南六大城市群全要素能源效率计量模型中。测算云南16个州市技术进步所用数据的来源和所用投入产出要素指标与计算环境约束下的全要素能源效率的指标一样，然后通过使用Malmquist生产力指数分解法，将16个州市全要素生产率分解到技术进步指数（*TECHCH*）层面，其中分解出的技术进步指数就是本节采用的能源效率影响因素之一。

（3）各州市工业行业平均规模（*SCALE*）：以各州市规模以上工业企业总产值与各州市规模以上工业企业单位数二者的比值表示。2005年，云南省规模以上工业企业数量为2362家。2017年，全省规模以上工业企业数量为4186家，相对于2005年，云南规模以上工业企业增加了1824家，13年时间规模以上工业企业数增幅为77.2%。2017年，云南省规模以上工业企业总产值占全省工业总产值的比重为88.15%，这个比重与2005年的79.76%相比，增加了8.39个百分点，我们预期工业行业平均规模将对16个州市全要素能源效率产生影响。2005年，云南省规模以上工业企业平均总产值为1.09亿元。2017年，云南省规模以上工业企业平均总产值为2.05亿元（以2005年不变价格计算）。2017年，云南大中型工业企业数量为624家，占全省规模以上工业企业数量的比重仅为14.9%，但其2017年大中型工业企业平均总产值为8.73亿元（以2005年不变价格计算），较云南省规模以上工业企业平均水平高出325%。云南整个工业产业规模经济的约束明显，从而导致云南工业用能效率低下，规模效率必然成为影响云南省工业行业能源效率的一个重要因素。

（4）各州市行业产权结构（*GOVCOL*）：使用各州市非公有制经济增加值与各州市生产总值比值代表产权结构。云南省非公有制经济占云南省GDP的比重由2005年的34.9%提高到2017年的47.2%。在16个州市非公有制经济的分布中，处于能源效率前沿面的昆明，其非公有制经济占云南省2017年非公有制经济增加值的比重高达29.4%。2003年以来，云南省基于股份制改造、产权转让、整合、兼并、重组、关闭、破产形式加快推进企业产权的多元化改革。非公有制经济的发展客观上是一种产权结构的市场化调整。屈小娥（2012）基于30个省级层面面板数据，查建平（2012）基于30个省（区、市）的工业层面面板数据，以国有及国有控股工业所占比重作为产权结构衡量指标，测度其对能源效率与碳排放绩效的影响，结论都认为国有产权比重的适度降低能有效提高能源效率和碳排放绩效，我们预期产权结构的调整是影响云南六大城市群全要素能源效率的重要因素。

（5）能源价格（*PRICE*）：使用各州市原材料、燃料和动力购进价格指数（PPIRM）与工业品出厂价格指数（PPI）的比值表示。Birol和Keppler（2000）认为能源价格的市场化改革将诱致生产要素替代效应与用能技术进步效应的出现，进而影响到能源的经济效率。费希尔－凡登等（Fisher-Vanden et al.，2006）对中国大中型工业企业的面板数据实证分析的结论认为：企业用能价格是提高能源使用效率的关键因素，这一贡献的比例达54.14%。我们预期能源价格也是影响云南六大城市群全要素能源效率的一个重要因素。

二　数据来源

实证分析使用的样本数据时间段为2005~2017年，环境约束下的16个州市全要素能源效率和技术进步的测算过程如上所述。各州市规模以上工业企业数指标，大中型企业数指标，各州市工业总产值，规模以上工业企业总产值，大中型工业企业总产值，各州市原材料、燃料和动力购进价格指数，工业品出厂价格指数，各州市非公有制经济增加值的相关数据来自《云南统计年鉴》、中宏数据库（China Macroeconomic DataBase）和中国统计年鉴支持系统数据库（China Statistical Yearbooks Service System）。

第二节　能源效率影响因素的长期效应分析

本节对研究面板数据的单位根检验采用LLC和Fisher-ADF检验两种方法。结果表明，在原始序列中各变量为非平稳时间序列，而在1%、

5% 的显著性水平下，各初始变量值的一阶差分序列为平稳序列（见表8–1）。

表 8–1 面板单位根检验结果

变量	LLC 检验	Fisher-ADF 检验
ln（*TFEE*）	0.49459（0.6896）	5.14855（0.9997）
Δln（*TFEE*）	−3.55414***（0.0002）	26.4353**（0.0115）
ln（*TECHCH*）	−1.38996（0.0823）	37.8972（0.2182）
Δln（*TECHCH*）	−10.8761***（0.0000）	87.7595***（0.0000）
ln（*SCALE*）	−0.7553（0.0596）	38.1995**（0.0331）
Δln（*SCALE*）	−9.33649***（0.0000）	94.0008***（0.0000）
ln（*PRICE*）	0.7536（0.0765）	30.5159（0.5417）
Δln（*PRICE*）	−42.1290***（0.0000）	153.831***（0.0000）
ln（*GOVCOL*）	−1.38936（0.0824）	37.8972（0.2182）
Δln（*GOVCOL*）	−10.8686***（0.0000）	87.7595***（0.0000）

注：***、** 分别代表在 1%、5% 的水平下显著。

Kao（1999）、Pedroni（1999）、Kao 和 Chiang（2000）、Larsson 等（2001）的检验方法为检验面板数据协整的常用方法。其中，Pedroni 方法的检验范畴允许存在异质面板，是以残差为基础测算出七种面板协整检验统计值。本节选用 Pedroni 方法，计量结果显示，在 1% 的显著性水平下 7 个协整统计量接受了变量间存在协整关系，面板数据协整关系模型存在。使用动态面板数据模型的广义矩估计方法对参数进行估计，估算结果见表 8–2。

表 8–2 六大城市群能源效率影响模型系数估计

变量	模型 A	模型 B	模型 C	模型 D
ln（*TECHCH*）	0.8741*** （0.0047）	0.8533*** （0.0000）	0.9132*** （0.0000）	0.9739*** （0.0000）
ln（*SCALE*）	0.1975*** （0.0000）		0.2023* （0.0941）	0.2102*** （0.0000）

续表

变量	模型 A	模型 B	模型 C	模型 D
ln（*PRICE*）		0.3874*** （0.0000）	0.4211*** （0.0000）	0.4754** （0.0313）
ln（*GOVCOL*）	0.1139** （0.0254）	0.1274* （0.0542）		0.1325*** （0.000）

注：***、**、* 分别表示在 1%、5%、10% 的水平下显著。

本节使用 16 个州市 2005~2017 年面板数据进行计量分析，采用随机效应方法对面板模型进行计量。从表 8-2 的计量模型结果来看，各模型方程估算结果平稳。模型中各自变量系数在 1% 或 5% 或 10% 的显著性水平下通过计量检验，考察期内，技术进步、工业行业平均规模、能源价格和产权结构 4 个影响能源效率的变量系数的符号符合前面的经济理论假设，但其对能源效率的影响差异性较大。

对四个长期协整模型进行比较，可发现以下几点。

第一，技术进步、工业行业平均规模、能源价格和产权结构四大能源效率影响因素与云南六大城市群全要素能源效率之间存在长期均衡关系。

第二，就长期协整关系来说，模型 D 中技术进步因素对能源效率影响的弹性系数是 0.97，说明各城市群行业技术进步对能源效率提高的推动效果明显，这一结论与谭忠富和张金良（2010）、岳立和张娜娜（2015）对技术进步与能源效率的实证研究结论一致。

第三，在各模型中，工业行业平均规模这一影响能源效率的变量的系数表现稳健，工业行业平均规模的扩大可以促进能源效率的提高。在模型 D 中，工业行业平均规模每提高 1 个百分点，全要素能源效率就会提高 0.21 个百分点。

第四，在模型 B 和模型 C 中，能源价格对能源效率的影响在 1% 的统计水平下显著；在模型 D 中，在 5% 的统计水平下表现显著，能源价格对全要素能源效率的弹性系数为 0.48，这表明六大城市群能源价格每提高 1 个百分点，全要素能源效率将提高 0.48 个百分点。

第五，行业产权结构与能源效率正相关。本书是以各州市非公有制经济增加值与各州市生产总值的比值代表产权结构，结果显示，在模型 D 中非公有制经济每提高 1 个百分点，将导致能源效率改进 0.13 个百分点。这说明私营企业的发展、国有企业的产业改革总体上提升了全要素能源效率。该结论与李科（2013）基于中国 1995~2009 年 30 个省（区、市）的面板数据，分析产业结构合理化与“国退民进”式的产权制度改革对全要素能源效率的影响；周四军和许伊婷（2015）基于 2002~2012 年数据分析的产权结构和资本配置结构，对能源利用效率影响的相关结论相互印证。行业产权结构这一因素相对于其他 3 个因素对能源效率的影响要小得多，这与云南各大城市群非公有制经济所处的行业结构、产品结构和技术含量相关，而这对提升各大城市群的能源效率没有产生明显的溢出效应。

第三节　能源效率影响因素的短期效应分析

协整方程只是对变量间是否存在长期均衡关系的一个度量，并不能反映短期内一个变量发生调整时对其他各变量与系统方程的动态影响。采用向量自回归方法（VAR）和脉冲响应函数则可研究能源效率与能源效率影响因素之间的跨期交互作用，研究当自变量发生一个标准差大小的冲击时，其对能源效率所产生的当期和后期的冲击影响。

本书使用脉冲响应函数和方差分解方法，对技术进步、工业行业平均规模、能源价格和产权结构四大能源效率影响因素在短期内对能源效率的跨期交互影响进行了分析。本节使用的 VAR 模型方程组是由 5 个变量方程组成的，其中的 2 个变量方程如式（8–2）与式（8–3）所示，剩余 3 个方程具有类似的方程结构。

$$\begin{aligned}\ln(TFEE_{it}) = \beta_0 &+ \sum_{p=1}^{2}\theta_{11p}\ln(TFEE_{it-p}) + \sum_{p=1}^{2}\theta_{12p}\ln(TECHCH_{it-p}) + \\ &\sum_{p=1}^{2}\theta_{13p}\ln(SCALE_{it-p}) + \sum_{p=1}^{2}\theta_{14p}\ln(PRICE_{it-p}) + \\ &\sum_{p=1}^{2}\theta_{15p}\ln(GOVCOL_{it-p}) + \mu_{1t}\end{aligned} \tag{8-2}$$

$$\ln(TECHCH_{it}) = \beta_1 + \sum_{p=1}^{2}\theta_{21p}\ln(TFEE_{it-p}) + \sum_{p=1}^{2}\theta_{22p}\ln(TECHCH_{it-p}) + \sum_{p=1}^{2}\theta_{23p}\ln(SCALE_{it-p}) + \sum_{p=1}^{2}\theta_{24p}\ln(PRICE_{it-p}) + \sum_{p=1}^{2}\theta_{25p}\ln(GOVCOL_{it-p}) + \mu_{2t} \tag{8-3}$$

脉冲响应函数和方差分解中有两大问题是我们关注的焦点：一是模型方程内能源效率影响因素各变量的调整对能源效率跨期交互作用的大小；二是模型方程内各能源效率影响因素变量对能源效率变动的相对影响的差别。

通过年度时间序列，对环境约束下的六大城市群全要素能源效率与模型中涉及的 4 个影响能源效率的变量之间的跨期冲击关系进行了研究（见图 8–1 至图 8–5），自变量冲击扰动的滞后期数在图中横轴中表示，各变量对应各期的能源效率变动的反应在纵轴中表示。各图中的实线表示自变量标准差的一个冲击引起的能源效率值的时间响应，虚线是正负一个标准差的置信区间带。

图 8–2 刻画了短期内一个技术进步扰动所导致的能源效率变动的脉冲响应结果，一个正向扰动的技术进步会形成一个能源效率的正向调整，能源效率值单期最大的正向调整在第 4 期，1~10 期内上下 2 条虚线的置信区间无偏离，在统计上保持显著；各期能源效率增加值对技术进步的正向冲击不明显。技术进步是通过固定资产更新与投资、行业制造工艺更新，基于区域和市场中的技术外溢和学习效应对能源效率提高进行传导，而能源效率中短期的调整对技术进步的反应具有时滞性。该反应的时滞性可在长期均衡关系中，在技术进步对能源效率影响的弹性系数中得到体现。短期内技术进步导致的能源效率对基期产生的偏离，可以从图 8–1 中能源效率对其自身的一个标准差的扰动中体现出来。对于能源效率一个正向调整的冲击对其后期变动的影响，在 1~10 期内，能源效率的一个正向调整给其自身带来了正向的变化，这种变化在 1~10 期保持显著。其影响在 1~10 期内持续增强，在考察的第 10 期达到最大。

图 8–3 刻画了短期内工业行业平均规模的一个扰动所导致的能源效率变动的脉冲响应结果，基期一个正向扰动的工业行业平均规模冲击会形成能源效率的正向调整，能源效率值在考察的 1~10 期的变动值均为正向波动，工业行业平均规模的一个正向冲击对能源效率的改进有持续作用，在第 10 期达到最大。

能源价格对六大城市群全要素能源效率的影响类似于产权结构对能源效率的影响。如图 8–4 所示，当期给能源价格一个正向冲击会给能源效率带来正向影响，考察期内能源效率值的变动均在 0 轴线上方，置信区间在考察的 10 期内也未发生正负偏离。能源价格的一个正向冲击可导致全要素能源效率发生持续的正向偏离，在第 2 期达到最大，在第 3 期、第 4 期回落以后对能源效率的短期影响又持续增强，在考察的第 10 期达到次高点。

图 8–5 显示了短期内产权结构的一个扰动所导致的能源效率变动的脉冲响应结果，基期给产权结构一个标准差的扰动后，在前 3 期能源效率值相对基期出现快速的正向偏离，影响作用从第 4 期后持续减弱，但对能源效率的影响全部在横轴线的上方，即能源效率的调整值全部为正。产权结构从第 5 期开始在一个标准差的置信区间发生负偏离，统计上开始不显著。非公有制企业产权结构受外部条件的某一正向冲击后，将导致以后各期能源效率的持续性提升。

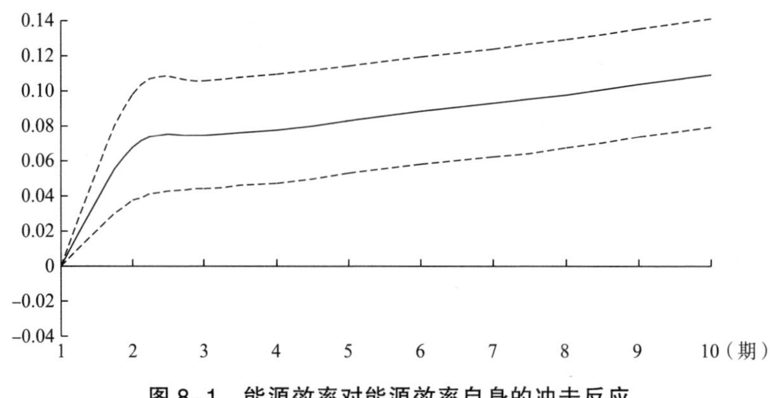

图 8–1　能源效率对能源效率自身的冲击反应

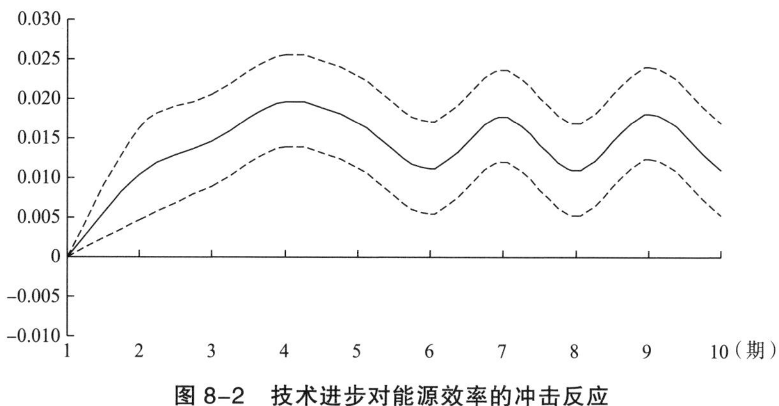

图 8-2　技术进步对能源效率的冲击反应

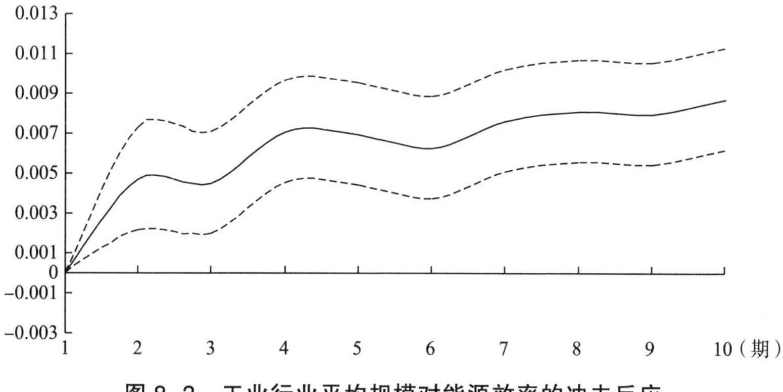

图 8-3　工业行业平均规模对能源效率的冲击反应

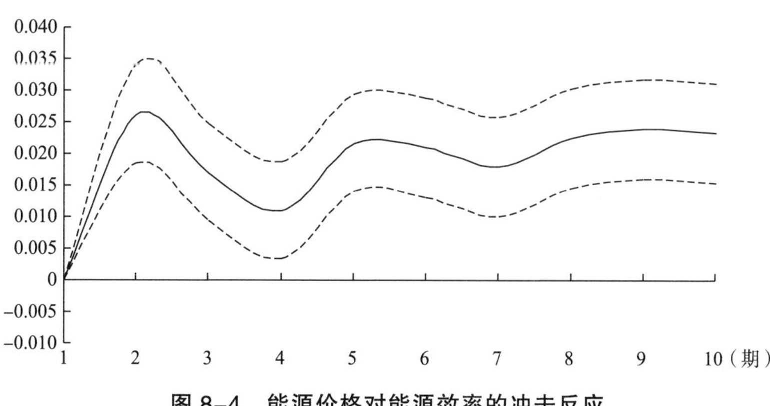

图 8-4　能源价格对能源效率的冲击反应

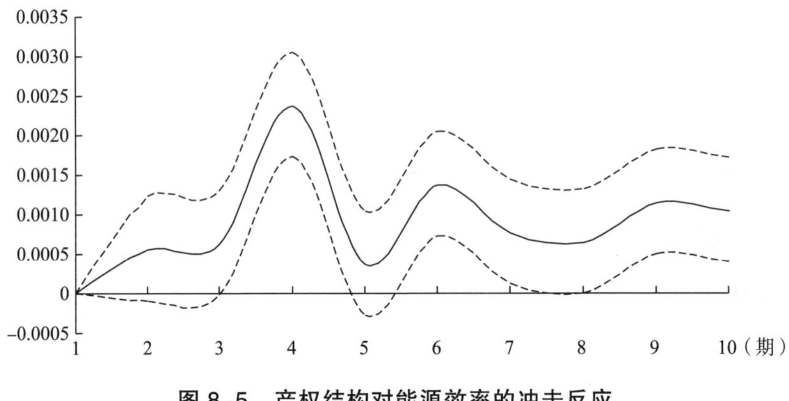

图 8-5 产权结构对能源效率的冲击反应

变量的方差分解是对模型方程的均方误差进行分解，分解出各个自变量冲击对因变量短期内的贡献率，以确定各自变量相对影响程度的大小。云南六大城市群能源效率的方差分解结果如图 8-6 所示。能源效率自身的冲击对能源效率贡献率最大，技术进步对能源效率的长期贡献则被包含在内。其次是能源价格和技术进步，能源价格贡献率最大值在第 2 期达到 24.13%；工业行业平均规模对六大城市群能源效率贡献率排名第 4。在引入能源效率模型的四个变量中，产权结构变动对全要素能源效率的影响最弱，贡献率最大值在第 4 期达到 1.57%。在考察的 10 期内，技术进步、工业行业平均规模、能源价格、产权结构对能源效率的贡献率全部为正。综上所述，在一个较短的时期内，调

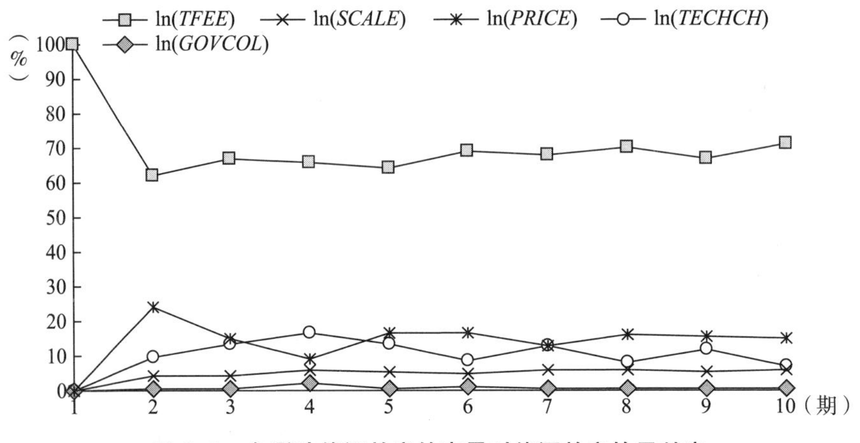

图 8-6 各影响能源效率的变量对能源效率的贡献率

控能源价格、调整工业行业平均规模是提高云南六大城市群能源效率的最有效的途径。

第四节　本章结论及讨论

本章使用云南省六大城市群2005~2017年16个州市面板数据，分析了技术进步、工业行业平均规模、能源价格、产权结构4个指标对环境约束下六大城市群的全要素能源效率的长期影响。在此基础上，对六大城市群全要素能源效率与其能源效率影响因素之间的短期动态关系，使用脉冲响应函数和方差分解模型进行进一步估算。

分析结果表明：在长期均衡内，技术进步对于提高云南省六大城市群的能源效率，具有最高的贡献度。2005年至今，云南省加快推进企业技术改造，特别对传统高耗能行业大力推进技术改造与重点节能工程。全省工业技术改造投资在“十二五”期间年均增长率在35%以上，预期完成资金投入5000亿元。“十二五”时期末，云南省预计新增国家认定企业技术中心10个、省认定企业技术中心超过100个。《云南省低碳发展规划纲要（2011—2020年）》将低碳技术的研发作为云南低碳发展的战略之一，《云南省新型工业化重点产业发展规划纲要》《昆明市发展低碳经济总体规划（2011—2020）》等相关规划也将“实施技术改造，实现制造业向中高端迈进”提到十分重要的位置。云南省各州市在后续促进技术进步和改造时，一是将行业范围扩大化，从传统的几大高耗能行业扩展到交通、建筑多个行业；二是将企业范围扩大化，从只关注高能耗企业扩展到非高耗能、非重点企业，包括中小企业；三是将企业节能流程范围扩大化，从只重视生产工艺过程中的节能效果扩展到关注耗能产品的节能效果。

滇中城市群先进技术的外溢应该在其他城市群最大限度地发挥“助推器”作用。根据2017年云南16个州市的GDP与能源消费量数据，参考各州市的能源效率值，对云南六大城市群2017年能源消费洛伦兹曲线进行估算（见图8-7）。云南16个州市能源消费的洛伦兹曲线表现出如下特征。一是GDP累计百分比在50%以下时，能源消费的洛伦兹曲线基本与绝对公平线重合；GDP累计百分比在50%以上时，能源消费的洛伦兹曲线在绝对公平线上方，意味着各州市能源消费与GDP产出的非均衡性。二是当16个州市GDP累计百分比在90%以上时，能源消费的洛伦兹线曲线快速靠近公平线，这表明GDP累计百分比在50%~90%的区间时，能源消费总量与能源效率出现高度偏离。因此，发挥滇中城市群的先进节能技术在其他五大城市群的“助推器”作用，是提升云南省能源效率的有效路径。

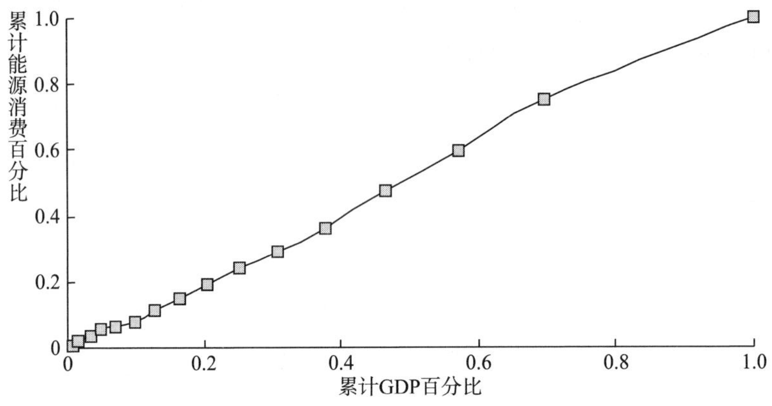

图8-7　2017年云南各州市能源消费洛伦兹曲线

在短期内，从各变量对能源效率的冲击反应来看，能源价格、工业行业平均规模这2个变量的一个正向扰动都会导致能源效率值相对基期出现一个持续的正向偏离。这说明在推动能源领域的价格改革的同时，也需要实现工业行业的规模经济，从而提高工业行业的全要素能源效率。从世界工业行业发展的趋势来看，工业行业特别是高能耗行业并购重组、战略联盟成为产业发展的主旋律，基于一系列的股权收购、资产收购，整合资源以达到更经济的生产规模。因此，通过重组并购提高行业集中度是云南省工业行业的发展趋势，也是云南省工业行业提高能源效率的有效途径。从云南省能源效率的测算过程可以看出，云南省16个州市工业行业目前总体上处于规模报酬递增阶段，企业规模对能源效率的约束性还较强。因此，各州市要以产业政策为切入点，破除各种壁垒，支持公司跨地区、跨行业、跨所有制兼并重组；延伸有色金属、化工、钢铁等资源型产业链，推动产业的规模发展，优化资源配置。基于并购活动还可以推动云南省企业内部治理结构的规范化，强化技术和管理创新，提升企业核心竞争力。

非国有产权比例的提高对六大城市群全要素能源效率的提高有正向影响，但效应不及技术进步、工业行业平均规模和能源价格明显，应加快调整行业产权结构，鼓励推进国资、民资与外资的产权多元化，鼓励和引导民营企业进入战略性新兴产业。多元化的产权结构和企业治理结构更有利于对外部资源的整合和配置，这种内在的激励在政府能源效率政策的规范下，有利于能源效率的提高。在吸收外资和民资时，提高产业的集中度及关联水平，加快推进工业园区建设，注重强化核心生产技术、吸收和消化管理经验。

第九章

不同能源品种价格相对变动对能源效率的影响

能源使用价格是能源消耗强度的重要决定因素。根据成本最小化原则，能源价格的上升会促使能源和其他生产要素相对价格的变动，导致生产企业用资本、劳动力等其他生产要素来实现对能源的替代，减少能源投入量，降低产品能源消耗成本，价格变动导致能源要素与其他生产要素产生替代效应。另外，能源价格的上升也会引致技术非中性的进步，即能源价格相对提高会导致能源技术的创新，从而使相对昂贵的能源要素消费在经济过程中变得更经济。当经济中能源价格相对于其他生产要素的价格较高时，将促使节能技术创新，从而提高能源利用效率。国内系统性研究能源价格对能源效率影响的文献稀缺。本书基于 Fisher-Vanden 等（2004）、杭雷鸣和屠梅曾（2006）的研究进行扩展，将研究层面集中到中国 30 个省（区、市）2000~2017 年的面板数据上，对省际总能耗强度、煤炭消费强度、石油消费强度、电力消费强度自价格弹性，省际煤炭、石油和电力的替代互补关系，单品种能源价格变化对其他能源品种能源强度和总能耗强度的影响，进行了系统性的量化模拟分析。

第一节　能源价格相对变动计量模型与数据说明

参照 Fisher-Vanden 等（2004）的计量模型，设工业行业成本函数如下：

$$C(P_K,P_L,P_E,P_M,Q)=A^{-1}P_K^{\alpha_K}P_L^{\alpha_L}P_E^{\alpha_E}P_M^{\alpha_M} \tag{9-1}$$

其中，P 为价格；K、L、E、M 分别表示省际资本、劳动力、能源和材料投入要素；α 表示要素 i 的弹性；Q 表示产出；A 表示行业生产率。

根据谢泼德引理，一种要素的需求量等于成本函数关于该要素价格的偏导数。对能源价格求偏导数，可得：

$$E=\frac{\alpha_E A^{-1}P_K^{\alpha_K}P_L^{\alpha_L}P_E^{\alpha_E}P_M^{\alpha_M}Q}{P_E} \tag{9-2}$$

假设 $P_Q=P_K^{\alpha_K}P_L^{\alpha_L}P_E^{\alpha_E}P_M^{\alpha_M}$，则

$$E=\frac{\alpha_E A^{-1}P_Q Q}{P_E}\text{或者}\frac{E}{Q}=\frac{\alpha_E A^{-1}P_Q}{P_E} \tag{9-3}$$

取对数得：$\ln(\frac{E}{Q})=\alpha+\eta\ln A+\beta\ln(\frac{P_E}{P_Q})+\varepsilon$ （9-4）

省际总能耗强度（E/Q）的变化可以用技术进步和能源相对价格的变动来解释。

总能耗强度调整可以分解为煤炭、石油和电力三大主要能源品种能耗强度的调整，那么在式（9-1）中增加这三种能源品种的价格，分别用 P_{coal}、P_{oil} 和 P_{ele} 表示煤价、油价和电价，并用 E_{coal}、E_{oil} 和 E_{ele} 表示煤炭、石油和电力的投入量。应用谢泼德引理，可得：

$$\frac{E_{coal}}{Q}=\frac{\alpha_{coal}A^{-1}\bar{P}_{\alpha}^{1-\alpha_{coal}-\alpha_{oil}-\alpha_{ele}}P_{coal}^{\alpha_{coal}}P_{oil}^{\alpha_{oil}}P_{ele}^{\alpha_{ele}}}{P_{coal}} \tag{9-5}$$

$$\ln(\frac{E_{coal}}{Q})=\alpha+\eta\ln A+(\alpha_{coal}-1)\ln(\frac{P_{coal}}{P_Q})+\alpha_{oil}\ln(\frac{P_{oil}}{P_Q})+\alpha_{ele}\ln(\frac{P_{ele}}{P_Q})+\varepsilon_{coal} \tag{9-6}$$

$$\ln(\frac{E_{oil}}{Q})=\alpha+\eta\ln A+\beta_{coal}\ln(\frac{P_{coal}}{P_Q})+(\beta_{oil}-1)\ln(\frac{P_{oil}}{P_Q})+\beta_{ele}\ln(\frac{P_{ele}}{P_Q})+\varepsilon_{oil} \tag{9-7}$$

$$\ln(\frac{E_{ele}}{Q})=\alpha+\eta\ln A+\beta_{coal}\ln(\frac{P_{coal}}{P_Q})+\beta_{oil}\ln(\frac{P_{oil}}{P_Q})+(\beta_{ele}-1)\ln(\frac{P_{ele}}{P_Q})\varepsilon_{ele} \tag{9-8}$$

在以上各式中，$\bar{P}_{\alpha}$ 表示能源平均价格，P_{coal}/P_Q、$/P_{oil}/P_Q$、P_{ele}/P_Q 分别表示煤炭、石油和电力的出厂价格指数与省际工业品出厂价格指数的比值，

表示各能源品种与省际工业产品价格的相对比差；A 表示生产率，根据以往的研究，一般用技术进步、产权结构、能源结构、产业结构、对外贸易程度作为其替代变量。本书主要系统性研究能源价格对能耗强度的影响，而且鉴于数据的可得性，本书使用总能耗强度和各能源品种能耗强度的滞后一期值，表示除价格和能源消费结构变量以外的因素代替变量 A 进入方程。根据能源的一般分类，可以将能源分为一次能源和二次能源。一次能源主要包括煤炭、石油、水电、天然气等，二次能源主要包括由石油加工制成的各种成品油及由煤炭加工生产的焦炭等。在计算能源使用强度及能源消耗总量时，通常将各种能源品种按各自的热当量折合成标准煤来计算。不同能源品种使用的具体计量单位不同，其热当量差异也明显，一个热量单位的电比一个热量单位的石油包含更多的能量，而一个热量单位的石油比一个热量单位的煤包含更多的能量（Kaufmann，2004）。因此，研究能源效率问题必须考虑不同能源品种之间质的差异。Kaufmann（2004）的研究指出：能源使用效率较高的能源品种逐渐取代使用效率较低的能源品种体现了能源技术的进步，如终端能源消费中电力对煤炭的代替。不同能源品种之间的替代也是影响能源使用效率的重要机制。所以在本节中，在各方程中再加入省际煤炭消费结构（*Coalshare*）和电力消费结构（*Eleshare*）2 个变量，构成了本书分析的系统方程。

$$\ln\left(\frac{E}{Q}\right)=\alpha+\ln\left(\frac{E}{Q}\right)_{-1}+\beta\ln\left(\frac{P_E}{P_Q}\right)+\ln(Coalshare)+\ln(Eleshare)+\varepsilon \tag{9-9}$$

$$\begin{aligned}\ln\left(\frac{E_{coal}}{Q}\right)=\ &\alpha+\eta\ln\left(\frac{E_{coal}}{Q}\right)_{-1}+(\alpha_{coal}-1)\ln\left(\frac{P_{coal}}{P_Q}\right)+\alpha_{oil}\ln\left(\frac{P_{oil}}{P_Q}\right)+\\&\alpha_{ele}\ln\left(\frac{P_{ele}}{P_Q}\right)+\ln(Coalshare)+\ln(Eleshare)+\varepsilon_{coal}\end{aligned} \tag{9-10}$$

$$\begin{aligned}\ln\left(\frac{E_{oil}}{Q}\right)=\ &\alpha+\eta\ln\left(\frac{E_{oil}}{Q}\right)_{-1}+\beta_{coal}\ln\left(\frac{P_{coal}}{P_Q}\right)+(\beta_{oil}-1)\ln\left(\frac{P_{oil}}{P_Q}\right)+\\&\beta_{ele}\ln\left(\frac{P_{ele}}{P_Q}\right)+\ln(Coalshare)+\ln(Eleshare)+\varepsilon_{oil}\end{aligned} \tag{9-11}$$

$$\begin{aligned}\ln\left(\frac{E_{ele}}{Q}\right)=\ &\alpha+\eta\ln\left(\frac{E_{ele}}{Q}\right)_{-1}+\beta_{coal}\ln\left(\frac{P_{coal}}{P_Q}\right)+\beta_{oil}\ln\left(\frac{P_{oil}}{P_Q}\right)+\\&(\beta_{ele}-1)\ln\left(\frac{P_{ele}}{P_Q}\right)+\ln(Coalshare)+\ln(Eleshare)+\varepsilon_{ele}\end{aligned} \tag{9-12}$$

其中，下标 –1 表示对应变量的滞后一期值。上述式（9–9）、式（9–10）、式（9–11）、式（9–12）分别为总能源强度、煤炭强度、石油强度和电力强度的方程。

实证分析的样本时间段为 2000~2017 年，30 个省（区、市）的能源投入变量和经济产出变量数据来源于《中国统计年鉴》（2001~2018 年）、2001~2018 年各省（区、市）的统计年鉴、中国统计数据应用支持系统数据库（ACMR）、《中国能源统计年鉴》（2001~2018 年）。

能源价格总指数使用 30 个省（区、市）的历年原材料、燃料和动力购进价格指数的分类指数中的燃料动力指数表示，2011 年起原材料、燃料和动力购进价格指数改为工业生产者购进价格指数。在 30 个省（区、市）的历年原材料、燃料和动力购进价格指数的分类指数中，燃料类指数由燃料动力指数表示，没有分能源消费品种的动力购进指数，所以煤炭、石油和电力的购进价格指数用按工业行业划分的工业生产者出厂价格指数中的煤炭开采和洗选业工业生产者出厂价格指数，石油和天然气开采业工业生产者出厂价格指数，电力、热力生产和供应业工业生产者出厂价格指数表示。

30 个省（区、市）工业品出厂价格指数来自国研网统计数据库和国家统计局网站的地区数据，从 2011 年起工业品出厂价格指数改为工业生产者出厂价格指数；非标量能源换算标准煤参考系数来源于《中国能源统计年鉴 2018》。中国 30 个省（区、市）经济产出数据均折算为 2000 年的不变价格。

第二节　能源价格相对变动系统方程估计

一　面板平稳性检验

IPS 检验（Im et al.，2003）、LLC 检验（Levin et al.，2002）、Hadri 检验（Hadri，2000）、Breitung 检验（Breitung，2001）、Fisher-ADF 检验（Maddala and Wu，1999）是面板数据单位根检验的主要方法，本书采

用的检验方法为 Fisher-ADF 检验。面板单位根检验的具体结果（见表 9-1）显示，各变量原始序列是非平稳系列，而各原始序列的一阶差分变量分别在 1%、5% 的显著性水平下是平稳序列。

表 9-1 面板单位根检验结果

变量	ADF 单位根测试（带截距项）	变量差分 ADF 单位根测试（带截距项）
ln（E/Q）	0.8764（-0.5354）	0.0005^{***}（-5.0998）
ln（E_{coal}/Q）	0.5396（-1.4511）	0.0000^{***}（-7.0922）
ln（E_{oil}/Q）	0.9994（1.7404）	0.0047^{***}（-4.1063）
ln（E_{ele}/Q）	0.0519（-2.9860）	0.0005^{***}（-5.1396）
ln（P_E/P_Q）	0.9011（-0.3576）	0.0042^{***}（-4.1622）
ln（P_{coal}/P_Q）	0.7336（-1.0054）	0.0004^{***}（-5.2281）
ln（P_{oil}/P_Q）	0.9802（0.4376）	0.0100^{**}（-3.7705）
ln（P_{ele}/P_Q）	0.6542（-1.2047）	0.0106^{**}（-3.7435）
ln（*Coalshare*）	0.3385（-1.8731）	0.0005^{***}（-5.1163）
ln（*Eleshare*）	0.0294^{**}（-3.2561）	0.0000^{***}（-6.4868）

注：*** 表示在 1% 的水平下是显著的，** 表示在 5% 的水平下是显著的；括号内数值代表 t 统计量。

二 面板协整检验

协整检验方法主要包括 Kao（1999）、Kao 和 Chiang（2000）、Pedroni（1999）、Larsson 等（2001）提出的方法。Pedroni 的检验方法允许异质面板的存在，在零假设是在动态多元面板回归中没有协整关系的条件下给出七种基于残差的面板协整检验方法。本书采用 Pedroni 检验，结果见表 9-2。各统计量在 1% 的显著性水平下拒绝了变量间不存在协整关系的原假设，即各一阶单整变量存在长期均衡关系，可以建立面板数据的长期弹性模型。

表 9-2　面板协整 Pedroni 检验

变量	统计量		检验 p 值
$\ln(E/Q)$ $\ln(P_E/P_Q)$ $\ln(Coalshare)$ $\ln(Eleshare)$	Panel v-Statistic	0.5672	0.0000
	Panel rho-Statistic	2.1553	0.0124
	Panel PP-Statistic	−5.5493	0.0000
	Panel ADF-Statistic	−5.8688	0.0000
	Group rho-Statistic	4.1048	0.0000
	Group PP-Statistic	−6.2918	0.0000
	Group ADF-Statistic	−7.0691	0.0000
$\ln(E_{coal}/Q)$ $\ln(P_{coal}/P_Q)$ $\ln(P_{oil}/P_Q)$ $\ln(P_{ele}/P_Q)$ $\ln(Coalshare)$ $\ln(Eleshare)$	Panel v-Statistic	0.102488	0.0000
	Panel rho-Statistic	3.358191	0.0000
	Panel PP-Statistic	−7.48886	0.0047
	Panel ADF-Statistic	−7.72305	0.0000
	Group rho-Statistic	5.306378	0.0000
	Group PP-Statistic	−8.60431	0.0000
	Group ADF-Statistic	−8.55501	0.0000
$\ln(E_{oil}/Q)$ $\ln(P_{coal}/P_Q)$ $\ln(P_{oil}/P_Q)$ $\ln(P_{ele}/P_Q)$ $\ln(Coalshare)$ $\ln(Eleshare)$	Panel v-Statistic	−0.89655	0.0000
	Panel rho-Statistic	4.475261	0.0000
	Panel PP-Statistic	−9.16604	0.0000
	Panel ADF-Statistic	−9.21139	0.0000
	Group rho-Statistic	6.447138	0.0000
	Group PP-Statistic	−9.66804	0.0000
	Group ADF-Statistic	−8.54379	0.0000
$\ln(E_{ele}/Q)$ $\ln(P_{coal}/P_Q)$ $\ln(P_{oil}/P_Q)$ $\ln(P_{ele}/P_Q)$ $\ln(Coalshare)$ $\ln(Eleshare)$	Panel v-Statistic	−1.35783	0.0100
	Panel rho-Statistic	5.796172	0.0000
	Panel PP-Statistic	−9.69059	0.0000
	Panel ADF-Statistic	−7.79656	0.0000
	Group rho-Statistic	7.629483	0.0000
	Group PP-Statistic	−10.8877	0.0000
	Group ADF-Statistic	−7.09609	0.0000

三 系统方程估计

式（9-9）、式（9-10）、式（9-11）和式（9-12）建立的联立方程组被用于本节中能源价格与能源效率的关系估计。联立方程组内方程系数的估计方法，不是对各个方程单独进行估计，而是通常采用对整个系统的所有方程同时进行参数估计，即系统估计法。系统估计可以估计到各个系统方程残差之间的相关性，从而提高模型方程系数估计的可靠性。由于不同能源品种之间具有替代关系，我们把电力、煤炭和石油看作一个系统，使用似然不相关分析方法（Cross-section SUR），采用逐步回归对参数进行估计，结果见表 9-3。

表 9-3 能耗强度和能源价格模型分析

变量	ln（E/Q）	ln（E_{coal}/Q）	ln（E_{oil}/Q）	ln（E_{ele}/Q）
ln（E/Q）$_{-1}$	0.4761*** （3.1068）			
ln（E_{coal}/Q）$_{-1}$		0.4589*** （3.9056）		
ln（E_{oil}/Q）$_{-1}$			0.5022** （2.3278）	
ln（E_{ele}/Q）$_{-1}$				0.4306** （2.3976）
ln（P_E/P_Q）	−0.4894*** （−3.1433）			
ln（P_{coal}/P_Q）		−0.1846** （−0.5011）	0.1606* （0.4018）	−0.3104* （−0.8529）
ln（P_{oil}/P_Q）		0.2158*** （0.5382）	−1.0885*** （−2.6331）	0.4490 （1.7608）
ln（P_{ele}/P_Q）		−0.3107* （−0.6059）	0.5991** （1.1416）	−0.5027*** （−1.5641）
ln（*Coalshare*）	0.7046*** （4.1350）	1.4762** （2.2378）	−2.2855** （3.3650）	−0.0283 （−0.0814）
ln（*Eleshare*）	−0.4614*** （−3.1421）	−1.5377** （−2.7904）	−2.0758** （−3.5844）	0.0347 （−0.1240）

注：***、**、* 分别表示在 1%、5%、10% 的水平下显著，括号内数值代表 t 统计量。

从表 9-3 的回归模型结果看，各模型的整体拟合效果不错，参数统计效果显著，各主要投入变量符号符合经济理论预期。

第一，从总能源强度来看，能源相对价格的提高对降低总能源强度具有显著的积极作用（-0.4894）。这一结论与 Birol 和 Keppler（2000）的观点，以及杭雷鸣和屠梅曾（2006）使用 1985~2003 年的时间序列数据，对中国制造业计算得出的能源相对价格对能源强度的弹性值测算结果相一致。但也表明，基于研究领域和数据的差异，用能强度对能源相对价格变动的敏感程度是不一样的。

第二，从分类能源强度来看，石油和电力自价格弹性显著为负（分别为 -1.0885 和 -0.5027），表明石油价格和电力价格的提升都可以减少各自的能源需求量，降低石油使用强度和电力使用强度。煤炭的自价格弹性为 -0.1846，相对于石油和电力自价格弹性系数小了很多，在 5% 的统计水平下显著。这一现象产生的原因可能是煤炭市场上价格的扭曲。中国的煤炭资源丰富，煤炭价格处于国家宏观调整范围之内，价格持续走低，煤炭行业长期处在亏损或微利边缘。1981~2001 年的 21 年中，有 20 年国有重点煤矿整体亏损（林伯强，2005）。中国煤炭的定价方式一路从计划到半市场化，即市场价格与部分电煤的国家调控价并存。2013~2017 年，中国煤炭产量占能源总产量的比重分别为 75.4%、73.6%、72.2%、69.8%、69.6%，电煤占煤炭消费总量的比重约为 58.9%，2017 年电煤用量为 31.25 亿吨左右，电煤交易主要分为重点合同电煤交易和市场采购两种方式，其中合同交易量约占全部电煤用量的 60%。重点合同对电煤价的控制，一个直接影响就是 2017 年四大发电集团煤电板块亏损 402 亿元，亏损面在 60% 左右。

第三，根据交叉价格弹性，我们发现，在省际面板数据的研究中，煤炭和电力是互补品（-0.3014 和 -0.3107），煤炭和石油是替代品（0.1606 和 0.2158），电力和石油是替代品（0.5991 和 0.4490）。

第四，能源消费结构变化对能源强度的效应是不一致的。在总能耗强度模型和煤炭强度消耗方程中，煤炭消费比例上升显著导致了省际总能耗强度和煤炭品种能源消费强度的提高。在油耗强度和电耗强度消耗方程中，煤炭消费比例上升显著导致了省际油耗强度和电耗强度的下降。电力在总体能耗结构中比重的上升则显著降低了省际总体能耗强度和煤炭、石油分能源品种的能耗强度。在电耗强度模型中，电力在总体能耗结构中比重的上升则提高了电耗强度。

第五，在联立方程组中的 4 个方程中，总体能耗强度和各个分品种能源的能耗强度都与其滞后一期呈现正相关关系，前期能耗强度对当期能耗强度的上升或者下降有正向的调节作用，前期能耗强度的下降将有利于当期能耗强度的下降。

第三节　能源价格调整对能耗强度冲击模拟分析

协整方程只是说明变量间的长期均衡关系，并没有表现出煤炭工业出厂价格比、石油工业出厂价格比、电力工业出厂价格比的一个扰动将对其自身的能耗强度乃至整个系统的扰动，对内生变量（能耗强度）的当前和未来值所带来的影响，以及这些影响所持续的周期。鉴于此，本书利用 2000~2017 年的历史现实数据，利用系统方程组成的系统和模型，使用 Eview 软件，对能源工业品出厂价格比的变动与能耗强度变动进行情景模拟。我们主要关注两个问题：一是系统内各能源工业出厂价格比的变动可以导致能耗强度相对于参考情景发生多大的偏离，也就是价格比的一个变动对能耗强度各期冲击大小的变化；二是能源工业出厂价格比发生变动时，对系统内各能耗强度的冲击周期的长短。这两个问题的研究，无论是对行业能源价格控制政策实施效果的鉴定，还是对政策目标的及时调整均有重要的现实意义。

本节模拟的参考情景基于中国 2000~2017 年真实数据设定，模拟期间为 2018~2037 年。

2000~2017 年，中国煤炭工业出厂价格比、石油工业出厂价格比、电力工业出厂价格比的年均增长率分别为 4.31%、3.55%、0.019%。参考情景根据历史数据设置如下：2018~2037 年，中国煤炭工业出厂价格比、石油工业出厂价格比、电力工业出厂价格比的年均增长率分别为4.31%、3.55%、0.019%。利用价格方程组模型，在能源政策改变了各种能源工业品出厂价格比年均增长率的条件下，对比参考情景分析能源政策的有效性（见图 9-1 至图 9-3）。图中横轴表示情景分析的年份，纵轴表示能耗强度值相对于参考情景发生的偏离，图中的实线均为能耗强度值相对于参考情景的偏离随时间的变化路径。

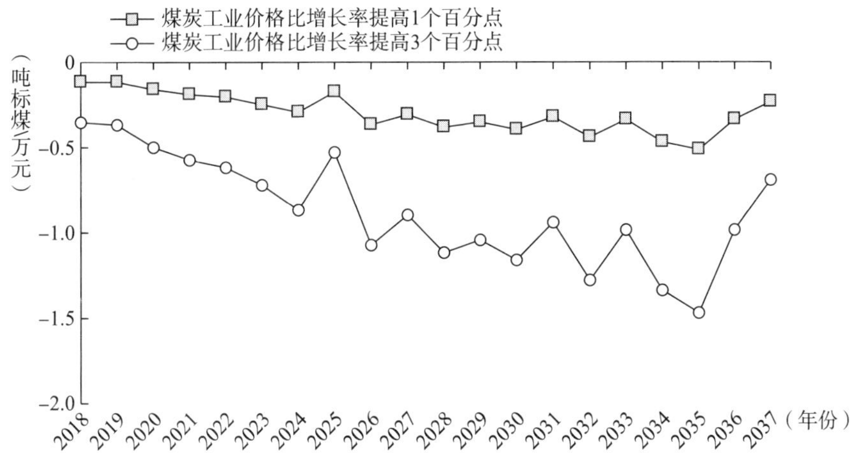

图 9-1　煤炭工业品出厂价格比相对变动对中国煤耗强度的影响

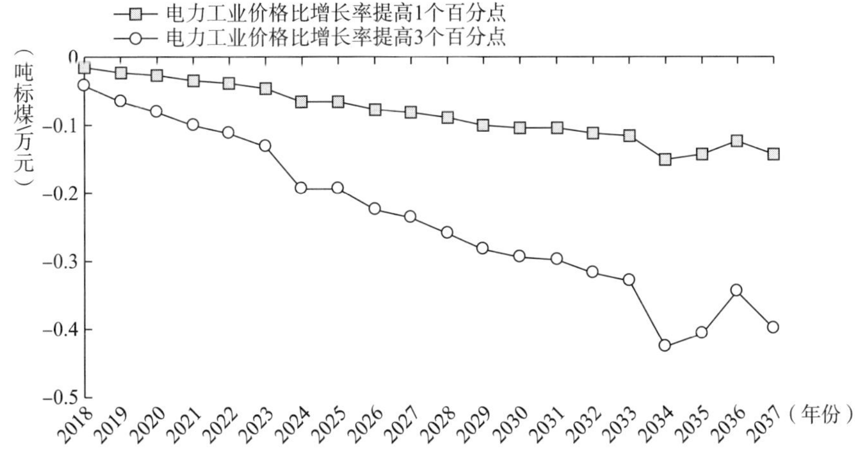

图 9-2　电力工业品出厂价格比相对变动对中国电耗强度的影响

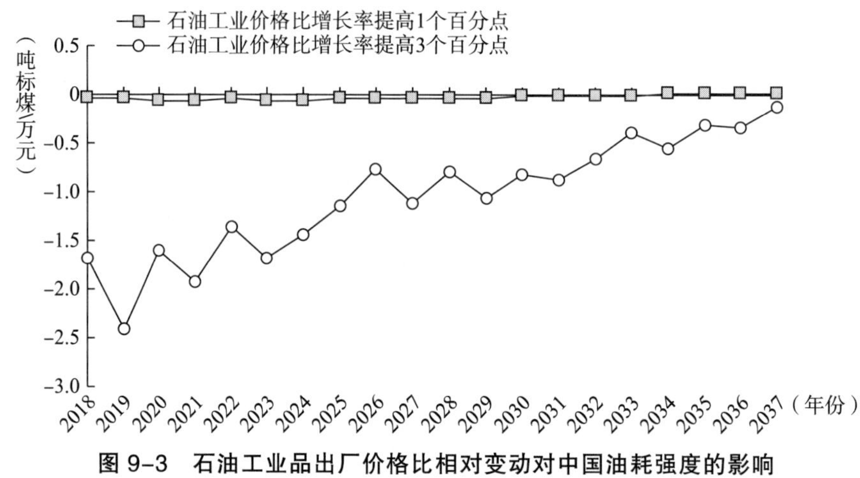

图 9-3　石油工业品出厂价格比相对变动对中国油耗强度的影响

图 9-1、图 9-2 分别为煤炭工业品出厂价格比、电力工业品出厂价格比年均增长率在提高 1 个百分点、3 个百分点时，其自身能耗强度相对于参考情景的偏离。各图中两条线的走势相近，相对于真实经济环境中的参考情景，2018~2037 年，当煤炭工业品出厂价格比、电力工业品出厂价格比增长率提高 1 个百分点与 3 个百分点时，其自身能耗强度相对于参考情景发生明显负偏离，相对价格比增长率提高 3 个百分点发生的负偏离明显大于相对价格比增长率提高 1 个百分点的负偏离。从图中可以看出，2018~2037 年，煤炭、电力工业品出厂价格比增长率相对于参考情景提高 1 个百分点和 3 个百分点时，导致的能耗强度偏离变化路径无重叠迹象，无向 0 轴靠拢迹象。相对价格比增长率提高的幅度越大，导致的能耗强度相对于参考情景发生的负偏离也越大。相对于参考情景，能源政策在提高煤炭工业品出厂价格比、电力工业品出厂价格比相同年均增长率的情况下，煤耗强度将下降得更快，政策更有效。

图 9-3 为石油工业品出厂价格比年均增长率在提高 1 个百分点、3 个百分点时，其自身能耗强度相对于参考情景的偏离。图 9-3 和图 9-1、图 9-2 有所区别。2018~2037 年，石油工业品出厂价格比相对于参考情景，年均增长率在提高 1 个百分点时，石油能耗强度负偏离线基本与 0 轴重合；石油工业品出厂价格比的提高引致的能耗强度，相对于参考情景的负偏离不显著。石油工业品出厂价格比相对于参考情景，年均增长率在提高

3 个百分点时，石油能耗强度负偏离较大，但表现出持续向 0 轴靠拢的趋势，也就是说，相对价格比的增加对能耗强度的降低不再发生作用，能源价格政策的作用周期有限。出现这个情况的原因有 2 个：一是石油能耗不是工业行业主要能源消费品种，工业行业本身油耗强度较小，能源调价政策作用不明显；二是根据历史真实数据设置的参考情景中，石油工业品出厂价格比的年均增长率为 3.55%，这个增长率本身相对于电力能源品种的增长率较高。随着时间的向后延续，石油工业品出厂价格比相对于参考情景，年均增长率在提高 3 个百分点时的作用将越来越不显著，这也导致了石油能耗强度负偏离表现出持续向 0 轴靠拢的趋势。

第四节　三大能源消费品种价格调整关联度模拟分析

当能源价格上升时，企业可以通过寻找替代能源，即改变能源消费品种的方式来降低成本。能源品种间相对价格的变化伴随能源消费结构的变动，进而影响各能源消费品种的能源强度。在长期协整方程中，可以看到中国消费的主要三大能源品种煤炭、石油、电力之间的能耗强度相互有关联。根据三大能源品种能耗强度方程可知：煤炭和石油是替代品，煤炭和电力是互补品，石油和电力是替代品。当对一种能源品种采取调价政策时，由于能源间的替代和互补关系，相关生产者首先将考虑能源品种的相互替代，而不是采用新的节能技术、引入新的生产设备来降低能耗成本，这也将影响到其他能源品种的消费量。因此，有必要分析中国行业消费的三大主要能源品种在能源价格出现调整时的关联度。分析使用的参考情景和上面分析各能源品种能耗强度自价格弹性设置的参考情景一致，设定为 2018~2037 年，中国煤炭工业出厂价格比、石油工业出厂价格比、电力工业出厂价格比的年均增长率分别为 4.31%、3.55%、0.019%。

图 9–4 和图 9–5 分别为煤炭工业品出厂价格比、电力工业品出厂价格比年均增长率在提高 3 个百分点时，其自身能耗强度相对于参考情景的偏离和引致的其他能源品种能耗强度相对于参考情景的偏离。由于煤炭和电力是互补品，煤炭工业品出厂价格比的提高导致了煤炭消耗强

度和电力消耗强度的同时下降。反之，电力工业品出厂价格比的提高也导致了煤炭消耗强度和电力消耗强度的同时下降。在同样的政策调整条件下，调控煤炭工业品出厂价格比更有利于降低总体的能耗强度。相对于石油来说，煤炭和电力都是其替代品，煤炭工业品出厂价格比的提高和电力工业品出厂价格比的提高对石油能耗强度的提高作用有限。但相对于煤炭能耗强度和电力能耗强度的降低，石油能耗强度的提高并没有影响到能源调整政策的目标实现。

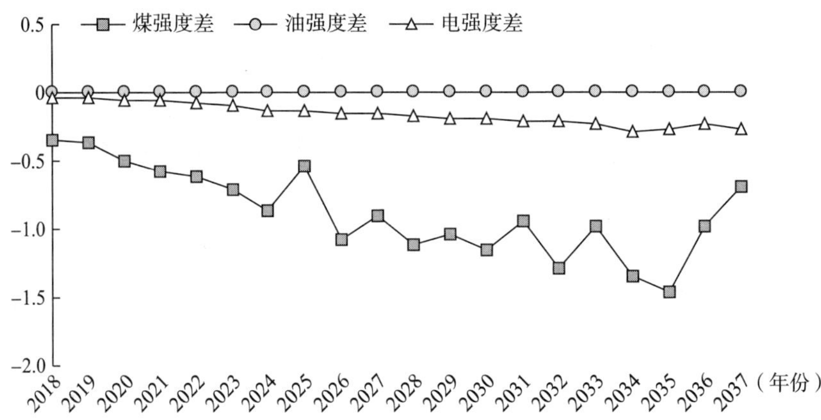

图 9-4 煤炭工业品出厂价格比年均增长率提高 3 个百分点时能耗强度对参考情景的偏离

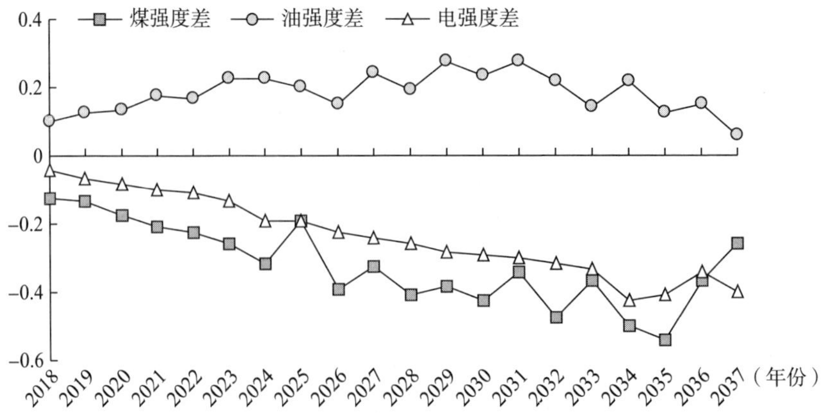

图 9-5 电力工业品出厂价格比年均增长率提高 3 个百分点时能耗强度对参考情景的偏离

图 9-6 为石油工业品出厂价格比年均增长率在提高 3 个百分点时，其自身能耗强度相对于参考情景的偏离和引致的其他能源品种能耗强度相对于参考情景的偏离。很明显，提高石油工业品出厂价格比的能源政策并不能达到降低总体能耗的效果。提高石油工业品出厂价格比，在短期内导致了石油能耗强度的下降，但这个下降的幅度远低于提高石油工业品出厂价格比而导致的煤炭和电力能耗强度上升的幅度。对于中国来说，通过提高石油工业品出厂价格比的能源政策来降低总体能耗强度的做法是不可取的。

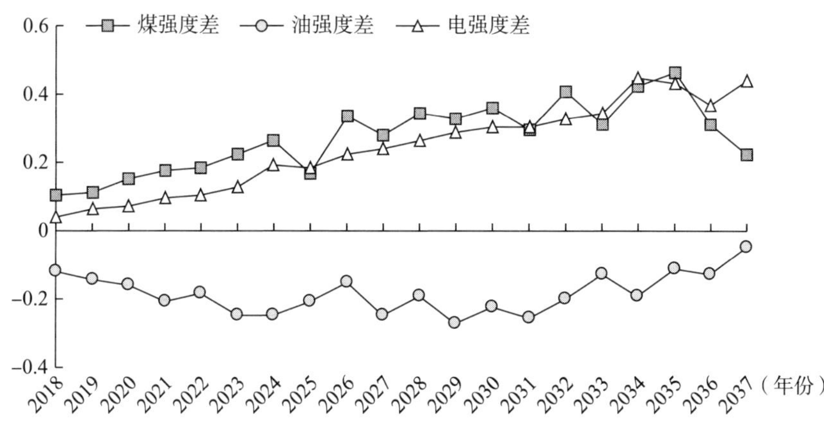

图 9-6　石油工业品出厂价格比年均增长率提高 3 个百分点时能耗强度对参考情景的偏离

第十章

主要结论与政策建议

第一节 省域能源效率区分类管理

基于2000~2017年能源效率测算数据，对能源效率在全国和省域的时间变化及空间分布进行分析。中国各省（区、市）全要素能源效率和能源消费量呈现差异化特点，不同省域具有差异化的能源效率特征及节能潜力。因此在推进节能减排过程中如何合理划分区域，识别出关键省域，进而采取有针对性的能源效率政策至关重要。

基于30个省（区、市）数据，按照全要素能源效率和能源投入量2个指标，根据省域之间的集聚特征，使用GIS地理信息系统的自然间断点和几何间隔法进行分类，30个省（区、市）大致可划分为八类能源效率管理区。其中能源高投入、高效率地区，能源高投入、中效率地区，能源高投入、低效率地区，能源中投入、中效率地区，能源中投入、低效率地区，共计五类地区的全要素能源效率最值得关注，这五类地区可作为中国节能减排的重点区。能源中投入、高效率地区和能源低投入、高效率地区这两类地区可作为中国节能减排的观察区，能源低投入、中效率地区可作为中国节能减排的缓存区。

高投入、高效率地区。这类地区在能源政策方面应将继续提高能源效率作为首要任务。4省需推广低碳城区规划，细化城市布局，完善能源发展战略、规划、产业政策，发展低碳交通和绿色建筑等，构建产业技术和能源技术的公共研发平台，推进协同创新；促进能源结构优化；大力发展清洁能源，促进能源绿色发展；优化工业区域结构，依托城市群与“一带一路”，提升煤电大基地建设层次和水平；依托高新产业重大项目的规划与招引，切实推动能源技术创新；推进体制机制改革，强化能源监管；加强能源行业管理，强化战略、规划、政策、措施、监管与服务。

高投入、中效率地区。这类地区应针对提高能源效率调整政策方向，在能源输入端方面，加快培育太阳能、风能、生物质能产业，以低硫无烟煤、焦炭、燃气等清洁燃料替代烟煤，建立比较完善的新能源产业体系。在工业内部的结构调整上，由原材料及初加工型工业向以深加工、高附加值为主导的新兴工业调整；推动能耗高、污染重的生产工艺向能源节约型和环境友好型生产工艺方向调整。支持企业节能技术改造，确立重点节能工程，大力培育新材料、新能源、生物等新兴产业。调整工业企业发展专项基金政策，集聚创新要素，推进传统产业集群向战略性新兴产业集群转变。加大高新技术和先进适用技术的引进、消化吸收和创新力度，嫁接改造传统产业，加速传统产业技术升级；围绕清洁生产，在有色金属、建筑、煤化工、电力等行业，培育一批具有核心竞争力的骨干企业。淘汰落后设备、技术和工艺，压缩部分行业过剩生产能力。采用清洁生产工艺，推动工业结构优化升级，推动企业污染治理能力升级。在工业布局方面，加快工业园区发展。着力打造一批产业基地，实施一批重大项目，促进工业生产由粗放型向集约型转变。

高投入、低效率地区。这类地区应加快转型升级步伐。严格节能、环保、安全等准入标准，严格控制高耗能、高排放和产能过剩行业新上项目，禁止高污染行业和落后生产能力向省内转移，培育壮大电子商务、新材料、生物技术等新兴产业。推进传统产业转型升级，现有的高耗能企业要加快向低耗能、高效益方向发展的步伐。继续加快新能源开发和利用。推动能源多元化发展，降低化石能源在能源结构中的比重，因地制宜发展风能、太阳能、生物质能、地热能等可再生能源，加大可再生能源和新能源的替代比例，建立安全、高效、清洁、低碳的能源供应与消费体系。

中投入、中效率地区。这类地区在快速工业化过程中的能源效率政策，应重点关注培育大企业、延伸产业链、提高产业的集中度及关联水平，培育园区平台建设，培育能源产业三个方面。坚持走矿电结合和科技创新路子，加大矿业秩序整顿和矿产资源整合力度，加快发展能源产业，打造以电力为主的能源产业，积极开发水能资源，开发风能、地热能、太阳能光伏发电，培育水电产业，调整能源结构，进一步地提高能源效率。

第二节　差异化省域政策

现行的省域能源效率政策调整的能源效率影响因素主要集中在能源结构、产业结构和技术进步上。第五章分析结果表明多种能源效率影响因素与能源效率都存在长期稳定的关系，省域能源效率政策调整的能源效率影响因素可以多元化。基于技术进步、第三产业增加值占比、工业增加值占比、终端能源消费量电力占比、煤炭储量、规模以上工业企业平均规模、外商参与度 7 个能源效率影响因素，分析了这 7 个指标对省域全要素能源效率的长期影响。结果表明：省域全要素能源效率与所选取的七大能源效率影响因素之间确实存在长期稳定的关系，所选取的 7 个能源效率影响因素中，技术进步、第三产业增加值占比、终端能源消费量电力占比、规模以上工业企业平均规模、外商参与度 5 个因素与全要素能源效率正相关，煤炭储量、工业增加值占比与全要素能源效率负相关。

同一能源效率影响因素在不同的省（区、市）对全要素能源效率的影响系数是有差异的，且差异系数较大，比如煤炭储量作为衡量省际资源禀赋的一种因素，该能源效率影响因素对省域全要素能源效率的影响在不同的省（区、市）出现了明显的差异，30 个省（区、市）煤炭储量变量系数均为负值，对能源效率产生负的影响，其中系数最小的山西，变量系数值为 –0.079，系数最大的为浙江，系数值为 –0.011。基于所选的 7 个影响因素，能源效率差异系数方差最小的变量为技术进步，30 个省（区、市）技术进步的能源效率差异系数离散程度偏低，技术进步能源效率差异系数较高的省（区、市）主要是北京、天津、浙江、重庆、江苏等直辖市和沿海省份。第三产业增加值占比的省域能源效率差异系数最大。天津的第三产业增加值占比的能源效率差异系数为 1.989，排名第一。青海的第三产业增加值占比的能源效率差异系数最小，为 0.316。煤炭储量高、资源禀赋较好的山西、内蒙古、河北、安徽所对应的煤炭储量能源效率差异系数较高。基于这种影响的差异性，针对同一能源效率影响因素的能源政策在省级层面的节能作用将会有所区别。这表明在省级层面提高能源效率的过程中，可实行差异化的能源政策。

综合能源效率差异系数反映了能源效率影响因素的综合相对于全国 30 个省（区、市）的平均值的偏离程度，也反映了各省（区、市）调整对应的能源效率影响因素综合政策的力度。从 7 个能源效率影响因素得到的省域综合能源效率差异系数来看，各省（区、市）综合能源效率差异系数排在前 6 的省（区、市）为江苏、北京、重庆、上海、广东、浙江，能源效率差异系数分别为 1.751、1.706、1.578、1.491、1.468、1.413。综合能源效率差异系数较小的省（区、市）有云南、新疆、广西、陕西、青海五个地区，综合能源效率差异系数均在 0.7 以下。把握好这些能源效率影响因素就有利于我们在实际中有重点地实施相应的地方能源政策，从而促进能源效率的提高。

第三节 重视省域结构因素调整对能源效率的影响

在 2000~2017 年考察期，中国能源效率年均提升速度为 3.449%。中国总体能源效率和 30 个省（区、市）的能源效率均出现提升。30 个省（区、市）能源效率提升的速率有所区别，截至 2017 年，30 个省（区、市）的能源效率仍然存在显著差别。

30 个省（区、市）在 2000~2017 年考察期效率因素是中国能源效率提升的主导原因。2016~2017 年，中国能耗强度下降了 0.0425 吨标煤 / 万元，其中效率因素的贡献度为 0.0421 吨标煤 / 万元，结构因素的贡献度仅为 0.0004 吨标煤 / 万元。北部沿海综合经济区的山东、河北，东部沿海综合经济区的江苏，东北综合经济区的辽宁，黄河中游综合经济区的河南，这 5 个省的效率因素对中国能源效率的贡献所占的比重最大。在考察期间，这 5 个省的效率因素对能源效率的贡献比例，共占 30 个省（区、市）效率因素的 34.93%，其余 25 个省（区、市）的效率因素在考察期间对中国能源效率的贡献值也明显增加。为了强化效率因素对中国能源效率的提升作用，各省（区、市）在后续促进技术进步和改造时，一是将行业范围扩大化，从传统的几大高耗能行业扩展到交通、建筑多个行业；二是将企业范围扩大化，从只关注高能耗企业扩展到非高耗能、非重点企业，包括中小企业；三是将企业节能流程范围扩大化，从只重视生产工艺过程中的节能效果扩展到关注耗能产品的节能效果。

2000~2017 年，在结构份额比例排在前 5 的省（区、市）中，山西、辽宁、河北在考察期间结构因素对中国总体能源效率提升的年均贡献率为正，而内蒙古、广东的结构因素在考察期间导致了中国总体能源效率的损失。

在考察期间，从 30 个省（区、市）的截面数据看，结构因素对中国能源效率的提升贡献度为正的省（区、市）有 14 个，贡献度为负的省（区、市）有 16 个。内耗后的结构因素对中国能源效率提升的影响变得极其不明显。

30 个省（区、市）结构因素对中国能源效率影响的大小，与各省（区、市）产出在中国总产出中的结构调整直接相关。30 个省（区、市）结构因素对中国总体能源效率影响的比重差别很大，各省（区、市）效率因素对中国总体能源效率影响的比重也有差别。在这种梯度差别中，对于效率因素贡献相对较高的省（区、市），其 GDP 产出占中国总产出的比重在向正的方向调整时，结构因素将促进中国能源效率的提高，并且这种影响的绝对值也会增加。30 个省（区、市）2000~2017 年的经济产出，除上海、天津、河北、辽宁、内蒙古在整个考察期间的结构调整比靠近 1 个百分点外（见表 10-1、表 10-2），其余省（区、市）在中国总产出的结构基本保持不变，各省（区、市）的经济产能结构变动没有表现出向效率因素贡献度高的省（区、市）调整的趋势。

表 10-1 2000~2008 年 30 个省（区、市）产出在中国总产出中的份额

单位：%

省（区、市）	2000 年	2001 年	2002 年	2003 年	2004 年	2005 年	2006 年	2007 年	2008 年
北京	3.2088	3.2689	3.2876	3.2494	3.2618	3.2285	3.1977	3.1954	3.1139
天津	1.7276	1.7649	1.7933	1.8338	1.8688	1.8959	1.9095	1.9248	2.0028
河北	5.1203	5.0757	5.0191	4.9881	4.9543	4.9620	4.9409	4.8639	4.7834
山西	1.8736	1.8812	1.9154	1.9598	1.9862	1.9905	1.9716	1.9942	1.9327
内蒙古	1.5624	1.5758	1.6084	1.6844	1.7916	1.9589	2.0486	2.1311	2.2428
辽宁	4.7397	4.7105	4.6835	4.6496	4.6140	4.5914	4.6041	4.6007	4.6601
吉林	1.9810	1.9746	1.9499	1.9136	1.8888	1.8696	1.8879	1.9128	1.9820
黑龙江	3.1991	3.1887	3.1701	3.1110	3.0566	3.0122	2.9650	2.8981	2.8931
上海	4.8434	4.8807	4.9006	4.8992	4.9242	4.8435	4.7932	4.8189	4.7219
江苏	8.6831	8.7223	8.7831	8.8868	8.9713	9.0683	9.1492	9.1743	9.2355
浙江	6.2339	6.2904	6.3899	6.5268	6.5734	6.5458	6.5467	6.5532	6.4418
安徽	2.9460	2.9254	2.8917	2.8162	2.8073	2.7514	2.7180	2.7088	2.7262
福建	3.8214	3.7868	3.7619	3.7340	3.6736	3.6212	3.6503	3.6699	3.7026
江西	2.0334	2.0172	2.0109	2.0228	2.0144	2.0069	1.9790	1.9550	1.9775
山东	8.4636	8.4933	8.5579	8.6430	8.7708	8.9245	8.9884	8.9582	8.9635

续表

省（区、市）	2000 年	2001 年	2002 年	2003 年	2004 年	2005 年	2006 年	2007 年	2008 年
河南	5.1294	5.0993	5.0341	4.9604	4.9622	5.0045	5.0271	5.0278	5.0348
湖北	3.5990	3.5729	3.5192	3.4383	3.3636	3.3278	3.3089	3.3094	3.3521
湖南	3.6052	3.5847	3.5233	3.4388	3.3914	3.3598	3.3278	3.3253	3.3831
广东	10.9038	10.9868	11.1337	11.3862	11.4985	11.5873	11.6805	11.7125	11.5500
广西	2.1115	2.0854	2.0790	2.0397	2.0067	2.0040	1.9990	2.0079	2.0233
海南	0.5348	0.5320	0.5256	0.5178	0.5042	0.4919	0.4890	0.4942	0.4869
重庆	1.6274	1.6177	1.6084	1.5964	1.5750	1.5534	1.5331	1.5507	1.5860
四川	3.9876	3.9631	3.9403	3.9072	3.8749	3.8528	3.8398	3.8370	3.8043
贵州	1.0455	1.0368	1.0198	0.9997	0.9797	0.9749	0.9656	0.9674	0.9618
云南	2.0416	1.9888	1.9548	1.8943	1.8554	1.7840	1.7482	1.7118	1.6911
陕西	1.8313	1.8337	1.8366	1.8285	1.8155	1.8226	1.8229	1.8422	1.9154
甘肃	1.0688	1.0698	1.0599	1.0453	1.0254	1.0127	0.9916	0.9718	0.9561
青海	0.2677	0.2727	0.2756	0.2746	0.2712	0.2686	0.2673	0.2647	0.2684
宁夏	0.2995	0.3006	0.2988	0.2998	0.2933	0.2873	0.2843	0.2796	0.2812
新疆	1.3842	1.3703	1.3365	1.3239	1.2973	1.2703	1.2381	1.2123	1.2017

表 10-2 2009~2017 年 30 个省（区、市）产出在中国总产出中的份额

单位：%，百分点

省（区、市）	2009 年	2010 年	2011 年	2012 年	2013 年	2014 年	2015 年	2016 年	2017 年	产出份额差
北京	3.0731	2.9968	2.8988	2.8329	2.7882	2.7643	2.7419	2.7297	2.7177	-0.4911
天津	2.0906	2.1699	2.2601	2.3342	2.4006	2.4409	2.4754	2.5177	2.4338	0.7062
河北	4.7139	4.6760	4.6570	4.6313	4.5793	4.5064	4.4656	4.4462	4.4208	-0.6995
山西	1.8244	1.8372	1.8577	1.8560	1.8471	1.7903	1.7127	1.6685	1.6668	-0.2068
内蒙古	2.3482	2.3874	2.4418	2.4689	2.4599	2.4503	2.4486	2.4471	2.3737	0.8114
辽宁	4.7210	4.7665	4.7855	4.7557	4.7240	4.6182	4.4136	4.0118	3.8990	-0.8407
吉林	2.0171	2.0294	2.0665	2.0990	2.0774	2.0443	2.0163	2.0094	1.9736	-0.0074
黑龙江	2.8865	2.8761	2.8901	2.8847	2.8457	2.7770	2.7225	2.6929	2.6715	-0.5276
上海	4.5780	4.4643	4.3223	4.2134	4.1484	4.1015	4.0697	4.0558	4.0440	-0.7994
江苏	9.3015	9.2679	9.2053	9.1964	9.2075	9.2479	9.3127	9.3591	9.3536	0.6705
浙江	6.2854	6.2182	6.0649	5.9407	5.8762	5.8434	5.8535	5.8690	5.8989	-0.3350
安徽	2.7579	2.7942	2.8378	2.8858	2.9125	2.9387	2.9643	3.0036	3.0385	0.0925
福建	3.7244	3.7504	3.7637	3.8102	3.8649	3.9248	3.9694	4.0114	4.0446	0.2231
江西	2.0035	2.0193	2.0328	2.0459	2.0585	2.0865	2.1122	2.1463	2.1781	0.1447
山东	9.0059	8.9415	8.8731	8.8347	8.8454	8.8842	8.8987	8.9264	8.9386	0.4750

续表

省（区、市）	2009 年	2010 年	2011 年	2012 年	2013 年	2014 年	2015 年	2016 年	2017 年	产出份额差
河南	5.0018	4.9749	4.9813	4.9774	4.9588	4.9880	5.0123	5.0531	5.0808	–0.0486
湖北	3.4076	3.4585	3.5219	3.5542	3.5747	3.6228	3.6590	3.6874	3.7076	0.1086
湖南	3.4464	3.4918	3.5245	3.5572	3.5780	3.6192	3.6436	3.6685	3.6954	0.0902
广东	11.3429	11.2718	11.0948	10.8858	10.7925	10.7462	10.7686	10.7921	10.8251	–0.0787
广西	2.0648	2.0847	2.0949	2.1143	2.1300	2.1354	2.1418	2.1425	2.1403	0.0288
海南	0.4870	0.4994	0.5005	0.4955	0.4976	0.4989	0.4990	0.5001	0.4991	–0.0357
重庆	1.6329	1.6905	1.7607	1.8137	1.8613	1.9073	1.9643	2.0272	2.0667	0.4392
四川	3.8996	3.9683	4.0835	4.1692	4.1910	4.2017	4.2065	4.2275	4.2625	0.2748
贵州	0.9600	0.9573	0.9851	1.0149	1.0434	1.0682	1.0972	1.1306	1.1621	0.1167
云南	1.6975	1.6853	1.7147	1.7570	1.7999	1.7979	1.8133	1.8375	1.8767	–0.1649
陕西	1.9491	1.9748	2.0127	2.0606	2.0902	2.1187	2.1202	2.1268	2.1424	0.3111
甘肃	0.9444	0.9335	0.9399	0.9597	0.9718	0.9778	0.9805	0.9836	0.9501	–0.1187
青海	0.2648	0.2699	0.2741	0.2791	0.2826	0.2852	0.2863	0.2882	0.2885	0.0208
宁夏	0.2819	0.2828	0.2837	0.2870	0.2881	0.2875	0.2881	0.2903	0.2919	–0.0076
新疆	1.1631	1.1373	1.1398	1.1576	1.1743	1.1935	1.2049	1.2086	1.2130	–0.1712

注：产出份额差为 2000~2017 年的差值。

因此为了扩大30个省（区、市）结构因素对中国能源效率的影响，需要实现八大经济区产能由低能源效率经济区向高能源效率经济区的结构调整，实现各经济区内部省（区、市）间产能结构的调整。各省（区、市）内部特别是工业内部的产能结构由低效率行业向高效率行业的调整，可以提高其结构因素和效率因素对能源效率的贡献度。各省（区、市）在制定"十三五"规划和"一带一路"相关发展倡议时，应促进重大产能项目向内部效率因素贡献度高的区域落户。压缩能源效率较低的区域的落后产能，在推进其工业化过程中实现GDP质量提升模式的调整，这种调整要以提升产业创新能力、完善市场治理结构的制度建设为核心。各省（区、市）内部要以产业政策为切入点，破除各种壁垒，支持公司跨地区、跨行业、跨所有制兼并重组；延伸有色金属、化工、钢铁等资源型产业链，推动产业的规模发展，优化资源配置。

第四节　抑制省域能源消费的回弹效应

在政府政策层面对回弹效应的反应上，2007年，联合国政府间气候变化专门委员会（IPCC）发布了第四次气候评估报告，报告里也只是简单提到日前有人量文献开始关注能源回弹效应，但是并没有测算也没有估计回弹效应会对经济和环境造成的影响。大部分政府很少将能源回弹效应纳入政府实践或者研究之列。回弹效应指能源使用效率的提高既有降低能耗的一面，也有引发能耗增长的一面。提高能源使用效率所节省的能耗被由其引发的能耗增长所抵消，就形成了能耗的回弹。所产生的回弹效应可能导致能源政策的节能绩效欠佳。

省域回弹效应的研究是一个实践性课题，各个省域能源消费的回弹效应肯定是差异化的。第七章基于2000~2017年技术进步指数最高的北京，使用北京2000~2017年18年的数据对由技术进步引起的能源回弹效应进行了实证分析，结果表明在研究时间段内北京能源消费的回弹效应明显下降，在28%~85%范围内波动，平均回弹效应为64.30%，处于部分回弹效应阶段，技术进步可以带来能源消费的节约。这也验证了中国技术进步对能源消费存在回弹效应这一命题。在部分回弹效应的条件下，产出对能源使用量弹性较小，能源政策对于降低能源回弹效应是以提高能源使用效率为宜。提高能源使用效率既可增加产出又可降低能源强度并最终降低能源回弹效应，是降低能源回弹效应的有效手段。

能源回弹效应的存在促使国家和省级层面要重新审视通过技术进步促进能源效率提高的政策措施。同时，回弹效应的大小也反映了节能政策的有效程度。回弹效应程度的大小可以作为北京检验技术进步与其他能源效率调控政策配合效果的指标。

如果某一省域出现较强的回弹效应甚至逆反回弹效应，则会导致技术进步并不能完全解决节能减排难题。若想实现节能减排目标，能源政策中不仅应包括技术层面的部署，同时还需要加强税收、监管层面的战略部署。在能源名义价格保持不变的情形下，单纯依靠技术进步这一手段来实现经济增长与能源消费之间的脱钩是异常艰难的。由于越来越多的技术创新行为会降低能源服务的有效成本，如果不通过能源价格、能源税等手段对能源使用成本进行调节的话，技术创新可能非但没能减少能源消费，反而会增加能源消费，经济增长脱钩于能源消费就变得越发困难。一方面，可考虑对高能耗产业提出更为严格的能源效率改善要求，以更大幅度的内部能耗强度下降来补偿其产出效应及结构效应，也就是间接回弹效应方面的不足。高能耗产业会从能源效率提高中获得更大的产出增长，而这有悖于抑制高能耗产业过快增长的政策指向，并导致其总体能源效率绩效欠佳。另一方面，通过征收能源价格、能源税、碳税等多种生态税可以提高能源使用成本，使能源消费量与能源供应量达到均衡状态，以平衡能源政策的上述不足。

第五节　明确能源效率政策，调整能源效率影响因素的长短期差异

在节能减排的大背景下，能源效率政策对能源效率影响因素的长短期动态效应值得关注。第八章基于云南省六大城市群 16 个州市

2005~2017 年的面板数据，测算了环境约束视角下的全要素能源效率与技术进步、工业行业平均规模、能源价格、产权结构四大能源效率影响因素的长期均衡关系，进一步基于脉冲响应函数测算了六大城市群能源效率与其四大影响因素的短期效应。从测算结果可以看出：技术进步对环境约束视角下的全要素能源效率在长期均衡中具有最高的贡献度。从短期动态效应来看，四大能源效率影响因素的一个正向冲击对能源效率的短期提升的贡献均为正，能源价格对能源效率提升的短期贡献度排名第一，工业行业平均规模对能源效率的贡献度远高于产权结构调整，多元化的产权结构调整对提高能源效率的约束性较强。

同一能源效率影响因素对能源效率的影响程度可能在长短期存在差别，行业技术创新一般带来的是对能源效率的长期拉动而非短期刺激效应，能源价格的调整则在短期内更能对能源效率的变动产生直接影响。能源效率影响因素在长短期的这种差别将影响到省级能源效率政策实施的有效性，省级能源效率政策基于这种长短期效应的差别，针对节能降耗的长短期目标则可强化能源效率政策组合分析与优化选择。

第六节 重视能源相对价格调整对省域能源效率的影响

第九章使用中国 30 个省（区、市）2000~2017 年煤炭、石油、电力能源消费数据和价格指数数据，使用固定效应面板模型系统考察了中国工业各能源品种能耗强度的自价格弹性和交叉价格弹性；鉴于 30 个省（区、市）2000~2017 年煤炭工业品出厂价格比、石油工业品出厂价格比、电力工业品出厂价格比的历史数据，设置参考情景模拟各个价格比在能源政策发生系统性调整时，对该能源品种能耗强度以及其他能源品种能耗强度的影响。

从总能源强度来看，能源相对价格的提高对于降低总能源强度具有显著的积极作用，这一结论支持了 Birol 和 Keppler（2000）的理论观点。煤炭强度、电力强度、石油强度自价格弹性都为负，每种能源品种工业品出厂价格比的提高都可以降低自己的能耗强度；相对价格比提高的幅度越大，能耗强度的降幅也越大。

根据交叉价格弹性，我们发现在工业行业煤炭和电力是互补品，煤炭和电力相对于石油是替代品。这意味着不同能源之间存在价格传导机制，例如煤炭工业品出厂价格比的上升不仅可以降低煤炭强度，也可以降低电力品种的使用强度，反之亦然。在同样的政策调整条件下，调控煤炭工业品出厂价格比更有利于降低总体的能耗强度，电力工业品出厂价格比次之；由于石油与煤炭、电力的替代性，在工业行业，提高石油工业品出厂价格比并不能取得降低总体能耗的效果。从政策调整的作用期来看，调整煤炭工业品出厂价格比和电力工业品出厂价格比的政策效果可以持续，调整石油工业品出厂价格比的政策作用周期有限。总体能耗强度和各个分品种能源的能耗强度都与其滞后一期呈现正相关关系，前期能耗强度对当期能耗强度的上升或者下降有正向的调节作用。

政府定价的能源商品囊括了天然气、电、成品油，煤炭实行半市场化定价。中国工业电价水平为 5.1 美分 / 千瓦时，是日本、意大利等发达国家的 62.5%，是阿根廷、韩国等发展中国家的 83.3%，是加拿大、澳大利亚等资源型国家的 76.9%。运用经济手段提高能源的相对价格有助于提高中国的能源利用效率。有多种手段可供选择。对能源密集型产品征税、对能耗少的替代性工艺和产品进行补贴；限期取消现行对高耗能企业用电价格优惠；调整各省（区、市）自行对高耗能企业实行优惠电价地方政策；提高对淘汰类和限制类企业执行的电价加价标准，对能源消耗超过规定限额标准的企业，实行惩罚性电价，可有效提高工业行业能源消费的相对价格，进而提高行业的能源效率。

2013~2017 年，中国煤炭产量占能源总产量的比重分别为 75.4%、73.6%、72.2%、69.8%、69.6%，电煤占煤炭消费总量的比重约为 58.9%，煤炭用能价格的调整对工业行业能源效率的影响显而易见。数年来，中国煤炭的定价方式一路从计划到半市场化，再到国家发改委重新管制煤价格，特别是对电煤价格的管制。2017 年，电煤用量为 31.25 亿吨左右，电煤交易主要分为重点合同电煤交易和市场采购两种方式，其中合同交易量约占全部电煤用量的 60%。在国家对电煤实现重点合同管制的大前提下，目前市场不具备支撑煤价上涨的条件，因此对于中国高能耗的工业行业来说，用煤价格相对低廉。如果对不同的企业实行不同的煤炭用能价格，对淘汰类和限制类企业执行煤炭加价；而后随着煤炭价格的完全市场化，国家把重点合同电煤也完全放开，全部让市场解决，煤炭价格对工业行业能源效率的影响作用将大大释放出来，同时辅以资源税来提高和完善。

在总能耗系统方程中，煤炭消费比例上升显著导致了行业能源强度的提高。电力在总体能耗方程中所占比重的上升则显著降低了行业能耗。目前在工业行业及中国的终端能源消费中，煤炭所占比重偏高，这种过高的以煤炭为主的能源消费结构，直接影响工业行业单位产出能耗水平的高低。当能源品种间相对价格变动时，工业企业可以通过寻找替代能源，即改变能源消费品种的方式来降低成本。因此能源品种相对价格的合理变化也可以优化能源消费结构，从而降低能源强度。当工业行业用煤价格相对于其他能源品种用能价格提高时，既可以提高工业行业的能源效率，又可以优化工业行业的终端用能结构，提高天然气、油品燃料等洁净能源占工业行业能源终端消费量的比重。

参考文献

白泉，2006,《国外单位GDP能耗演变历史及启示》,《中国能源》第12期。

查建平，2012,《中国工业碳排放绩效及其影响因素研究》，博士学位论文，西南交通大学。

陈媛媛、李坤望，2010,《FDI对省际工业能源效率的影响》,《中国人口·资源与环境》第6期。

成金华、李世祥，2010,《结构变动、技术进步以及价格对能源效率的影响》,《中国人口·资源与环境》第4期。

代谦、别朝霞，2006,《FDI、人力资本积累与经济增长》,《经济研究》第4期。

刁心柯、唐安宝，2012,《能源价格变动对能源效率影响研究》,《中国矿业》第6期。

董惠君、白涛，2008,《基于投入产出的能源消费效率研究》,《华北电力大学学报》(社会科学版)第4期。

高大伟、周德群，2010,《中国制造业全要素能源效率研究》,《价格月刊》第1期。

龚新蜀、王世英、胡志高，2017,《"干中学"内生增长理论视角下能源回弹效应分析——基于西部省份1978～2014年面板数据的经验测算》,《软科学》第4期。

郭晔，2007,《能源、技术与经济增长——基于中国与印度的比较分析》,

《数量经济技术经济研究》第6期。
韩智勇、魏一鸣、范英，2004，《中国能源强度与经济结构变化特征研究》，《数理统计与管理》第1期。
杭雷鸣、屠梅曾，2006，《能源价格对能源强度的影响——以国内制造业为例》，《数量经济技术经济研究》第12期。
何建坤、张希良，2006，《我国"十一五"期间能源强度下降趋势分析——如何实现能源强度下降20%的目标》，《中国软科学》第4期。
何贤杰、吴初国、盛昌明，2013，《我国能源安全评价及对策研究》，《中国科技成果》第6期。
侯明扬，2013，《原油金融化的定义、特征及潜在风险研究》，《金融理论与实践》第6期。
胡兴军，2007，《石油储备：国家的能源安全防线》，《中国石油和化工经济分析》第5期。
黄磊、周勇，2008，《基于超越对数生产函数的能源产出及替代弹性分析》，《河海大学学报》(自然科学版)第1期。
姜广君，2012，《我国常规能源的区域有效供给能力及其通道建设研究》，《改革与战略》第4期。
蒋伟、李蓉、强林飞、吴胤民，2015，《环境约束下的中国全要素能源效率研究》，《统计与信息论坛》第5期。
解振华，2005，《国家环境安全战略报告》，中国环境科学出版社。
雷鸣、杨昌明，2007，《我国经济增长中能源强度问题的经济学探讨》，《集团经济研究》第10期。
李保民，2013，《四大制高点：海外并购"赢"战略》，《国企》第6期。
李斌、符毅，2008，《能源与环境约束下的经济增长》，《生态经济》第8期。
李芳，2015，《广东省能源回弹效应的测算及其影响因素研究》，硕士学位论文，暨南大学。
李俊峰、杨海霞，2013，《中国不能走美国的"能源独立"之路》，《理论参考》第1期。

李凯、李明玉、郁培丽、孙广生，2007，《辽宁省能源消费的因素分解——基于完全分解模型》，《东北大学学报》（自然科学版）第 11 期。
李科，2013，《中国产业结构对全要素能源效率的阈值效应分析》，《管理学报》第 11 期。
李廉水、周勇，2006，《技术进步能提高能源效率吗？——基于中国工业部门的实证检验》，《管理世界》第 10 期。
李凌峰、张斌、肖峰、陈军华、滕兆平，2006，《中国油气供应安全对策研究》，《天然气工业》第 2 期。
李鹏，2002，《中国钢铁工业国际竞争力分析》，《经济纵横》第 11 期。
李强、魏巍，2015，《碳排放约束视角下的全要素能源效率及影响因素研究》，《软科学》第 4 期。
李世祥、成金华，2008，《中国能源效率评价及其影响因素分析》，《统计研究》第 10 期。
李小平、朱钟棣，2005，《中国工业行业的全要素生产率测算——基于分行业面板数据的研究》，《管理世界》第 4 期。
李治、李国平，2010，《城市能源效率分布特征影响因素研究——基于空间计量模型》，《城市发展研究》第 6 期。
廖华、朱治双、张愉，2013，《全球三大区域性天然气市场价格联动效应研究》，《资源与产业》第 1 期。
林伯强，2003，《结构变化、效率改进与能源需求预测——以中国电力行业为例》，《经济研究》第 5 期。
林伯强，2005，《中国电力工业发展：改革进程与配套改革》，《管理世界》第 8 期。
林伯强，2013，《破除页岩气开采三大掣肘》，《瞭望》第 23 期。
刘冰、马宇，2008，《产业政策演变、政策效力与产业发展——基于我国煤炭产业的实证分析》，《产业经济研究》第 5 期。
刘畅、崔艳红，2008，《中国能源消耗强度区域差异的动态关系比较研究——基于省（市）面板数据模型的实证分析》，《中国工业经济》第 4 期。

刘畅、孔宪丽、高铁梅，2009，《中国能源消耗强度变动机制与价格非对称效应研究——基于结构VEC模型的计量分析》，《中国工业经济》第3期。

刘金朋、张宏运、吴焕苗、郭皓池，2012，《基于我国能源供需格局的运输体系综合管理研究》，《华东电力》第7期。

刘玮、童光荣，2010，《环境视角下我国工业行业能源效率特征及影响因素》，《中国地质大学学报》（社会科学版）第3期。

刘昕，2003，《世界石油资源与中国石油战略》，《中国经贸导刊》第7期。

刘彦平、刘玉海，2008，《中国钢铁产业动态生产效率分析——基于Malmquist生产力指数》，《学习与探索》第1期。

刘叶、朱彤，2010，《外商直接投资对中国工业能源使用效率的影响——基于行业内和行业间技术溢出效应的双重视角》，《中国石油大学学报》（社会科学版）第3期。

刘源远、刘凤朝，2008，《基于技术进步的中国能源消费反弹效应——使用省际面板数据的实证检验》，《资源科学》第9期。

鲁成军、周端明，2008，《中国工业部门的能源替代研究——基于对ALLEN替代弹性模型的修正》，《数量经济技术经济研究》第5期。

鲁传一，2004，《资源与环境经济学》，清华大学出版社。

罗宏、吕连宏，2012，《国际能源安全形势与中国能源国际合作建议》，《能源技术经济》第5期。

缪仁余，2011，《能源效率与区域经济增长的差异性研究》，硕士学位论文，浙江工商大学国民经济学。

倪红日，2005，《运用税收政策促进我国节约能源的研究》，《税务研究》第9期。

倪健民，2005，《国家能源安全报告》，人民出版社。

庞军，2008，《国内外节能减排政策研究综述》，《生态经济》第9期。

彭源贤、张光明，2007，《中国能源消费效率提高因素分析：1995-2003——产业结构和真实效率，谁更重要》，《生产力研究》第10期。

戚爱华，2009，《我国油气管道运输发展现状及问题分析》，《国际石油经济》第12期。
齐绍洲、罗威，2007，《中国地区经济增长与能源消费强度差异分析》，《经济研究》第7期。
齐志新、陈文颖，2006，《结构调整还是技术进步？——改革开放后我国能源效率提高的因素分析》，《上海经济研究》第6期。
齐志新、陈文颖、吴宗鑫，2007，《工业轻重结构变化对能源消费的影响》，《中国工业经济》第2期。
秦晓，2004，《中国能源安全战略中的能源运输问题》，《中国能源》第7期。
屈小娥，2012，《中国省际全要素 CO_2 排放效率差异及驱动因素——基于1995—2010年的实证研究》，《南开经济研究》第3期。
沈镭、薛静静，2011，《中国能源安全的路径选择与战略框架》，《中国人口·资源与环境》第10期。
沈能，2006，《中国制造业全要素生产率地区空间差异的实证研究》，《中国软科学》第6期。
沈能，2010，《能源投入、污染排放与我国能源经济效率的区域空间分布研究》，《财贸经济》第1期。
沈文辉，2011，《国际能源运输系统与国际能源安全——一种非传统安全视角的透视》，《中南林业科技大学学报》(社会科学版)第3期。
师博、沈坤荣，2008，《市场分割下的中国全要素能源效率：基于超效率DEA方法的经验分析》，《世界经济》第9期。
石岚，2011，《中国中亚能源通道与中国能源安全》，《东南亚纵横》第10期。
史丹，2002，《我国是如何以较低的能源消费实现高速经济增长的》，《中国能源》第11期。
史丹，2006，《我国能源效率的地区差异与节能潜力分析》，《中国工业经济》第10期。
史丹，2013，《全球能源格局变化及对中国能源安全的挑战》，《中外能源》第 2 期。

史丹，2013，《中国能源安全的国际环境》，社会科学文献出版社。

宋玉春，2013，《2012 年全球油气并购述评》，《中国石油和化工经济分析》第 2 期。

孙静春、李怀祖，2002，《测算行业企业技术进步的非参数前沿分析方法》，《西安交通大学学报》(社会科学版) 第 3 期。

谭忠富、张金良，2010，《中国能源效率与其影响因素的动态关系研究》，《中国人口·资源与环境》第 4 期。

汤建影、周德群、周笑，2007，《中国煤炭城市全要素生产率变动的实证研究》，《中国矿业大学学报》第 6 期。

陶然、蔡云泽、楼振飞、刘卫星，2012，《国内外能源预测模型和能源安全评价体系研究综述》，《上海节能》第 1 期。

汪巍，2013，《印度保障能源安全的举措及启示》，《中国能源》第 4 期。

汪应宏、汪云甲、王晓，2005，《资源经济学导论》，中国矿业大学出版社。

王海运，2013，《我国应对能源安全新挑战的思路》，《中国石油企业》第 3 期。

王昆，2012，《能源强度与能源效率的国际比较》，《中国矿业》第 4 期。

王莉、李静，2012，《能源安全视角下中俄能源合作战略选择》，《资源开发与市场》第 8 期。

王庆一，2003a，《我国节能的现状、问题及对策建议》，《能源政策研究》第 4 期。

王庆一，2003b，《中国能源形势评估》，《能源政策研究》第 1 期。

王群伟、周德群，2008，《能源回弹效应测算的改进模型及其实证研究》，《管理学报》第 5 期。

王少平、杨继生，2006，《中国工业能源调整的长期战略与短期措施——基于 12 个主要工业行业能源需求的综列协整分析》，《中国社会科学》第 4 期。

王维国、范丹，2012，《中国区域全要素能源效率收敛性及影响因素分析——基于 Malmqulist-Luenberger 指数法》，《资源科学》第 10 期。

王新新，2007,《中国的能源安全与能源战略选择》,《中国科技论坛》第 1 期。
王玉潜，2003,《能源消耗强度变动的因素分析方法及其应用》,《数量经济技术经济研究》第 8 期。
魏楚、沈满洪，2007a,《能源效率及其影响因素：基于 DEA 的实证分析》,《管理世界》第 8 期。
魏楚、沈满洪，2007b,《能源效率与能源生产率：基于 DEA 方法的省际数据比较》,《数量经济技术经济研究》第 9 期。
魏楚、沈满洪，2008,《工业绩效、技术效率及其影响因素——基于 2004 年浙江省经济普查数据的实证分析》,《数量经济技术经济研究》第 7 期。
魏玮、宋一弘，2012,《环境约束下城市全要素能源效率的变动分解——基于三阶段 DEA-Malmquist 指数的实证分析》,《统计与信息论坛》第 9 期。
魏一鸣、吴刚、梁巧梅、廖华等，2012,《中国能源报告（2012）：能源安全研究》，科学出版社。
吴滨、李为人，2007,《中国能源强度变化因素争论与剖析》,《中国社会科学院研究生院学报》第 2 期。
吴初国、何贤杰、盛昌明、刘增洁、万会，2011,《能源安全综合评价方法探讨》,《自然资源学报》第 6 期。
吴巧生、成金华，2006a,《中国工业化中的能源消耗强度变动及因素分析——基于分解模型的实证分析》,《财经研究》第 6 期。
吴巧生、成金华，2006b,《中国能源消耗强度变动及因素分解：1980—2004》,《经济理论与经济管理》第 10 期。
吴巧生、成金华，2007,《经济高速增长下的中国能源安全分析》,《宏观经济研究》第 4 期。
吴巧生、成金华、王华，2005,《中国工业化进程中的能源消费变动——基于计量模型的实证分析》,《中国工业经济》第 4 期。
吴永平，2008,《煤炭资源安全战略研究：基于我国能源安全战略》，煤炭工业出版社。

肖序、万红艳，2012，《技术进步对中国电解铝能源消费回弹效应的影响——基于二级镶嵌式CES函数的实证研究》，《中国人口·资源与环境》第10期。

谢志军、庄辛，1996，《宏观经济结构与能源密度的变化》，《中国能源》第5期。

徐二明、高怀，2004，《中国钢铁企业竞争力评价及其动态演变规律分析》，《中国工业经济》第11期。

徐国泉、刘则渊，2007，《1998~2005年中国八大经济区域全要素能源效率——基于省际面板数据的分析》，《中国科技论坛》第7期。

徐明军，2004，《构建中国海上能源通道安全战略思考》，《中国港口》第4期。

薛曜祖，2015，《中国能源回弹效应：理论模型与经验分析——基于GES模型》，《统计与信息论坛》第10期。

杨桂元、王莉莉，2008，《我国制造业技术进步、技术效率及区域差异——基于DEA方法的实证研究》，《技术经济》第1期。

杨红亮、史丹，2008，《能效研究方法和中国各地区能源效率的比较》，《经济理论与经济管理》第3期。

杨宏林、田立新、丁占文，2004，《能源约束与“干中学”经济增长模型》，《企业经济》第6期。

杨继生，2009，《国内外能源相对价格与中国的能源效率》，《经济学家》第4期。

杨景民等，2003，《现代石油市场理论实践——研究、创新》，石油工业出版社。

杨冕、杨福霞、陈兴鹏，2011，《中国能源效率影响因素研究——基于VEC模型的实证检验》，《资源科学》第1期。

杨琴、袁永科，2012，《北京市工业能源强度影响因素分解分析》，《特区经济》第10期。

杨雪雁、罗洪、贾文瑞，2006，《中国国际石油资源利用战略的思考》，

《中国能源》第1期。
杨彦强、时慧娜，2012，《中国能源安全问题研究进展述评——1998~2011年中国能源安全战略评价》，《北京科技大学学报》（社会科学版）第1期。
杨中东，2007，《对我国制造业的能源替代关系研究》，《当代经济科学》第3期。
姚昕、孔庆宝，2010，《中国能源综合运输体系及其宏观影响》，《金融研究》第4期。
姚愉芳、陈杰、李花菊，2007，《结构变化的节能潜力计算的方法论研究》，《数量经济技术经济研究》第4期。
余国合，2013，《美国"能源独立"：战略对中国能源安全的启示》，《中国矿业》第1期。
余华彬、朱凯栋，2010，《重估中国钢铁工业发展空间》，《金融实务》第2期。
岳立、张姗娜，2015，《能源效率、技术进步与CO_2排放相关关系研究——基于1978—2010年时间序列数据分析》，《石家庄学院学报》第1期。
岳良文、武春友、张米尔，2014，《绿色增长视角下的全要素能源效率评价方法研究》，《当代经济管理》第10期。
詹国华、陈治理，2013，《我国技术进步对能源效率影响的实证分析》，《统计与决策》第1期。
张帆，1998，《环境与自然资源经济学》，上海人民出版社。
张宏武，2001，《多部门能源消费效率的要因分析——中国和日本比较》，《山西师范大学学报》（自然科学版）第2期。
张军、吴桂荣、张吉鹏，2004，《中国省际物质资本存量估算1952—2000》，《经济研究》第10期。
张坤民、温宗国，2000，《能源效率、能源多样化和实现可持续发展》，《上海环境科学》第2期。
张雷、蔡国田，2006，《中国能源消费增长趋势分析》，《中国软科学》

第 11 期。

张磊，2013，《中国西北陆路能源通道构建的重大国际战略意义》，《东北亚论坛》第 3 期。

张茉楠，2012，《美国能源大棋局下的中国石油安全冲击》，《发展研究》第 12 期。

张瑞、丁日佳，2006，《我国能源效率与能源消费结构的协整分析》，《煤炭经济研究》第 12 期。

张少华、陈浪南，2009，《经济全球化对我国能源利用效率影响的实证研究——基于中国行业面板数据》，《经济科学》第 1 期。

张生玲、郝宇、荣婷婷，2012，《提升我国能源安全的最优路径》，《经济研究参考》第 48 期。

张唯实，2010，《能源效率与中国经济增长关系研究》，《经济问题》第 8 期。

张艺，2013，《能源安全视域下我国石油贸易现状及改善对策》，《企业导报》第 7 期。

张勇、叶文虎，2006，《国内外环境安全研究进展述评》，《中国人口·资源与环境》第 3 期。

张珍花、戴丽亚，2012，《中国产业能源消耗效率变化的实证分析——基于投入产出方法》，《生态经济》第 7 期。

张宗成、周猛，2004，《中国经济增长与能源消费的异常关系分析》，《上海经济研究》第 4 期。

赵进文、范继涛，2007，《经济增长与能源消费内在依从关系的实证研究》，《经济研究》第 8 期。

赵旭、高建宾、林玮，2013，《我国海上能源运输通道安全保障机制构建》，《中国软科学》第 2 期。

郑照宁、刘德顺，2004，《考虑资本—能源—劳动投入的我国超越对数生产函数》，《系统工程理论与实践》第 5 期。

中国能源发展战略与政策研究课题组，2004，《中国能源发展战略与政策研究》，经济科学出版社。

中华人民共和国国务院新闻办公室，2012,《中国的能源政策（2012）》，中国能源局。

周方，1994,《广义技术进步与产出增长因素分解——对“Solow余值法”的反思》,《数量经济技术经济研究》第8期。

周鸿、林凌，2005,《中国工业能耗变动因素分析：1993—2002》,《产业经济研究》第5期。

周建，2007,《经济转型期中国能源需求的长期均衡及短期波动：1978—2005》,《南开经济研究》第3期。

周四军、许伊婷，2015,《中国能源利用效率的结构异质性研究》,《统计与信息论坛》第2期。

周勇、林源源，2007,《技术进步对能源消费回报效应的估算》,《经济学家》第2期。

曾镜霏，2013,《能源瓶颈制约下各国能源政策比较研究》,《广西经济管理干部学院学报》第1期。

朱成章，2006,《怎么看待中国的节能潜力和节能任务》,《节能》第1期。

朱达，2000,《能源－环境的经济分析与政策研究》，中国环境科学出版社。

朱凯，2013,《石油进口大国能源安全战略透视》,《中国石油企业》第1期。

朱亚杰、孙兴文，2001,《能源世界之窗》，清华大学出版社、暨南大学出版社。

朱延福、滕玉华，2010,《技术进步、技术效率与区域能源效率——基于中国省区数据的实证分析》,《东岳论丛》第4期。

邹艳芬、陆宇海，2005,《基于空间自回归模型的中国能源利用效率区域特征分析》,《统计研究》第10期。

Adeyemi, Olutomi, and Lester C. Hunt. 2007. “Modelling OECD Industrial Energy Demand: Asymmetric Price Responses and Energy Saving Technical Change.” *Energy Economics* 29: 693–709.

Aigner, D. J., and S. F. Chu. 1968. "On Estimating the Industry Production Function." *The American Economic Review* 58: 826–839.

Aigner,D.,C.A.Knox Lovell, and Peter Schmidt. 1977. "Formulation and Estimation of Stochastic Frontier Production Function Models." *Journal of Econometrics* 6: 21–37.

Bambawale, Malavika Jain, and Benjamin K. Sovacool. 2011. "China's Energy Security: The Perspective of Energy Users." *Applied Energy* 88: 1949–1956.

Barradale, Merrill Jones. 2010. "Impact of Public Policy Uncertainty on Renewable Energy Investment: Wind Power and the Production Tax Credit." *Energy Policy* 38: 7698–7709.

Bassi, Andrea M., and Joel S. Yudken. 2011. "Climate Policy and Energy-intensive Manufacturing: A Comprehensive Analysis of the Effectiveness of Cost Mitigation Provisions in the American Energy and Security Act of 2009." *Energy Policy* 39: 4920–4931.

Bentzen, Jan. 2004. "Estimating the Rebound Effect in US Manufacturing Energy Consumption." *Energy Economics* 26: 123–134.

Berkhout, Peter H. G., Jos C. Muskens, and Jan W. Velthuijsen. 2000. "Defining the Rebound Effect." *Energy Policy* 28: 425–432.

Binswanger, Mathias. 2001. "Technological Progress and Sustainable Development: What about the Rebound Effect?" *Ecological Economics* 36: 119–132.

Birol, Fatih, and Jan Horst Keppler. 2000. "Prices Technology Development and the Rebound Effect." *Energy Policy* 28: 457–469.

Boyd, Gale A., and Joseph X. Pang. 2000. "Estimating the Linkage Between Energy Efficiency and Productivity." *Energy Policy* 28: 289–296.

Boyd, Gale A., Donald A. Hanson, and Thomas Sterner. 1988. "Decomposition of Changes in Energy Intensity: A Comparison of the Divisia Index and Other Methods." *Energy Economics* 10: 309–312.

Brännlund, Runar, Tarek Ghalwash, and Jonas Nordström. 2007. "Increased Energy Efficiency and the Rebound Effect: Effects on Consumption and Emissions." *Energy Economics* 29: 1–17.

Breitung, J. 2001. "The Local Power of Some Unit Root Tests for Panel Data." *Advances in Econometrics* 15: 161–177.

Broek, Machteld van den, Paul Veenendaal, Paul Koutstaal, Wim Turkenburg, and André Faaij. 2011. "Impact of International Climate Policies on CO_2 Capture and Storage Deployment: Illustrated in the Dutch Energy System." *Energy Policy* 39: 2000–2019.

Brookes, L. G. 1992. "Energy Efficiency and Economic Fallacies: A Reply." *Energy Policy* 20: 390–392.

Cai, Jing, and Zhigang Jiang. 2008. "Changing of Energy Consumption Patterns from Rural Households to Urban Households in China: An Example from Shaanxi Province, China." *Renewable and Sustainable Energy Reviews* 12: 1667–1680.

Carley, Sanya. 2009. "State Renewable Energy Electricity Policies: An Empirical Evaluation of Effectiveness." *Energy Policy* 37: 3071–3081.

Charlier, Dorothée, and Anna Risch. 2012. "Evaluation of the Impact of Environmental Public Policy Measures on Energy Consumption and Greenhouse Gas Emissions in the French Residential Sector." *Energy Policy* 46: 170–184.

Charnes, A., W. W. Cooper, and E. Rhodes. 1978. "Measuring the Efficiency of Decision Making Units." *European Journal of Operational Research* 2: 429–444.

Chuang, Ming Chih, and Hwong Wen Ma. 2013. "An Assessment of Taiwan's *Energy Policy* Using Multi-dimensional Energy Security Indicators Review." *Renewable and Sustainable Energy Reviews* 17: 301–311.

Clarke, Leon, John Weyant, and Alicia Birky. 2006. "On the Sources of Technological Change: Assessing the Evidence." *Energy Economics* 28: 579–595.

Cohen, Gail, Frederick Joutz, and Prakash Loungani. 2011. "Measuring Energy Security: Trends in the Diversification of Oil and Natural Gas Supplies." *Energy Policy* 39: 4860–4869.

Cornillie, Jan, and Samuel Fankhauser. 2004. "The Energy Intensity of Transition Countries." *Energy Economics* 26: 283–295.

Elliott, David. 1999. "Prospects for Renewable Energy and Green Energy Markets in the UK." *Renewable Energy* 16: 1268–1271.

Elliott, Robert J. R., Puyang Sun, and Siyang Chen. 2013. "Energy Intensity and Foreign Direct Investment: A Chinese City-level Study." *Energy Economics*

40: 484–494.

Fan, Jie, Yu-tian Liang, An-jun Tao, Ke-rong Sheng, Hai-long Ma,Yong Xu, Chuan-Sheng Wang, and Wei Sun. 2011. "Energy Policies for Sustainable Livelihoods and Sustainable Development of Poor Areas in China." *Energy Policy* 39: 1200–1212.

Fan, Ying, Hua Liao, and Yi-Ming Wei. 2007. "Can Market Oriented Economic Reforms Contribute to Energy Efficiency Improvement? Evidence from China." *Energy Policy* 35: 2287–2295.

Fare, R., Shawna Grosskopf, Mary Norris, and Zhongyang Zhang. 1994. "Productivity Growth, Technical Progress, and Efficiency Change in Industrialized Countries." *The American Economic Review* 84: 66–83.

Farla, Jacco, Rob Cuelenaere, and Kornelis Blok. 1998. "Energy Efficiency and Structural Change in the Netherlands, 1980—1990." *Energy Economics* 20: 1–28.

Farrell, M. J. 1957. "The Measurement of Productive Efficiency." *Journal of the Royal Statistical Society* 120: 253–290.

Fisher-Vanden, Karen, Gary H. Jefferson, Hongmei Liu, and Quan Tao. 2004. "What Is Driving China's Decline in Energy Intensity?" Resource and *Energy Economics* 26: 77–97.

Fisher-Vanden, Karen, Gary H. Jefferson, Jingkui Ma, and Jianyi Xu. 2006. "Technology Development and Energy Productivity in China." *Energy Economics* 28: 690–705.

Forsund, Finn R., and Eilev S. Jansen. 1977. "On Estimating Average and Best Practice Homothetic Production Functions Via Cost Functions." *International Economic Review* 18: 463–476.

Garbaccio, R. F., Mun S. Ho, and Dale W. Jorgenson. 1999. "Why Has the Energy-output Ratio Fallen in China?" *The Energy Journal* 20: 63–91.

Greene, William H. 1980. "On the Estimation of a Flexible Frontier Production Model." *Journal of Econometrics* 13: 101–115.

Greening, Lorna A., David L. Greene, and Carmen Difiglio. 2000. "Energy Efficiency and Consumption—The Rebound Effect—A Survey." *Energy Policy* 28: 389–401.

Hadri, K. 2000. "Testing for Stationarity in Heterogeneous Panel Data." *Econometrics Journal* 3: 148–161.

Han, Zhi-Yong, Ying Fan, Jian-Ling Jiao, Ji-Sheng Yan, and Yi-Ming Wei. 2007. "Energy Structure, Marginal Efficiency and Substitution Rate: An Empirical Study of China." *Energy* 32: 935–942.

Hang, Leiming, and Meizeng Tu. 2007. "The Impacts of Energy Prices on Energy Intensity: Evidence form China." *Energy Policy* 35: 2978–2988.

Hankinson, G. A, and J. M. W. Rhys. 1983. "Electricity Consumption, Electricity Intensity and Industrial Structure." *Energy Economics* 5: 146–152.

Hayashi, Masatsugu, and Larry Hughes. 2013. "The Policy Responses to the Fukushima Nuclear Accident and Their Effect on Japanese Energy Security." *Energy Policy* 59: 86–101.

Hedenus, Fredrik, Christian Azar, and Daniel J. A. Johansso. 2010. "Energy Security Policies in EU-25—The Expected Cost of Oil Supply Disruptions." *Energy Policy* 38: 1241–1250.

Howarth, Richard B. 1991. "Energy Use in US Manufacturing: The Impacts of the Energy Shocks on Sectoral Output, Industry Structure, and Energy Intensity." *The Journal of Energy Finance and Development* 14: 175–191.

Hu, Baiding. 1998. "Modelling Energy Consumption in China." Available at https://www.doc88.com/p-8955725104 94.html.

Hu, Jin-Li, and Shih-Chuan Wang. 2006. "Total-Factor Energy Efficiency of Regions in China." *Energy Policy* 34: 3206–3217.

Huang, F. 2007. "Determinants of Energy Intensity in Industrialized Countries: A Comparison of China and India." Master Thesis, Massachusetts Institute of Technology, Department of Urban Studies and Planning.

Huang, Jinping. 1993. "Industry Energy Use and Structural Change: A Case Study of the People's Republic of China." *Energy Economics* 15: 131–136.

Hvlvorsen, Robert. 1977. "Energy Substitution in US Manufacturing." *The Review of Economics and Statistics* 59: 381–388.

Im, Kyung So, M. Hashem Pesaran, and Yongcheol Shin. 2003. "Testing for Unit Roots in Heterogeneous Panels." *Journal of Econometrics* 115: 53–74.

Jacobson, Arne, Anita D. Milman, and Daniel M. Kammen. 2005. "Letting the Gini Out of the Bottle: Lorenz Curves of Cumulative Electricity Consumption and Gini Coefficients as Metrics of Energy Distribution and Equity." *Energy Policy* 33: 1825–1832.

Jenne, C. A., and R. K. Cattell. 1983. "Structural Change and Energy Efficiency in Industry." *Energy Economics* 5: 114–123.

Jin, Sang-Hyeon. 2007. "The Effectiveness of Energy Efficiency Improvement in a Developing Country: Rebound Effect of Residential Electricity Use in South Korea." *Energy Policy* 35: 5622–5629.

Jondrow, J., C. A. K. Lovell, I. S. Materov, and P. Schmidt. 1982. "On the Estimation of Technical Inefficiency in the Stochastic Frontier Production Function Model." *Journal of Econometrics* 19: 233–238.

Jun, Eunju, Wonjoon Kim, and Soon Heung Chang. 2009. "The Analysis of Security Cost for Different Energy Sources." *Applied Energy* 86: 1894–1901.

Kambara, Tatsu. 1992. "The Energy Situation in China." *The China Quarterly* 131: 608–636.

Kao, C. 1999. "Spurious Regression and Residual-based Tests for Cointegration in Panel Data." *Journal of Econometrics* 90: 1–44.

Kao, Chihwa, and Min-Hsien Chiang. 2000. "On the Estimation and Inference of a Cointegrated Regression in Panel Data." *Advances in Econometrics* 15: 179–222.

Kaufmann, R. K. 2004. "The Mechanisms for Autonomous Energy Efficiency Increases: A Cointegration Analysis of the US Energy GDP Ratio." *The Energy Journal* 25: 63–86.

Khazzoom, J. D. 1987. "Energy Savings from the Adoption of More Efficient Appliance." *The Energy Journal* 8: 85–89.

Khazzoom, J. D. 1980. "Economic Implications of Mandated Efficiency in Standards for Household Appliances." *The Energy Journal* 1: 21–40.

Larsson, Rolf, Johan Lyhagen, and Mickael Löthgren. 2001. "Likelihood-based Cointegration Tests in Heterogeneous Panels." *The Econometrics Journal* 4: 109–142.

Lee, Lung-Fei. 1983. "A Test for Distributional Assumptions for the Stochastic Frontier Functions." *Journal of Econometrics* 22: 245–267.

Leung, Guy C. K. 2011. "China's Energy Security: Perception and Reality." *Energy Policy* 39: 1330–1337.

Levin, Andrew, Chien-Fu Lin, and Chia-Shang James Chu. 2002. "Unit Root Tests in Panel Data: Asymptotic and Finite-sample Properties." *Journal of Econometrics* 108: 1–24.

Liao, Hua, Ying Fan, and Yi-Ming Wei. 2007. "What Induced China's Energy Intensity to Fluctuate: 1997—2006?" *Energy Policy* 35: 4640–4649.

Lin, Xiannuan, and Karen R. Polenske. 1995. "Input-out Anatomy of China's Energy Use Changes in the 1980s." *Economic Systems Research* 7: 67–84.

Ma, Chunbo, and David I. Stern. 2008. "China's Changing Energy Intensity Trend: A Decomposition Analysis." *Energy Economics* 30: 1037–1053.

Ma, Jinlong, David G.Evans, Robert J. Fuller, and Donald F. Stewart. 2002. "Technical Efficiency and Productivity Change of China's Iron and Steel Industry." *International Journal of Production Economics* 76: 293–312.

Maddala, G. S., and S. Wu. 1999. "A Comparative Study of Unit Root Tests with Panel Data and a New Simple Test." *Oxford Bulletin of Economics and Statistics* 61: 631–652.

Mezher, Toufic, Gihan Dawelbait, and Zeina Abba. 2012. "Renewable Energy Policy Options for Abu Dhabi: Drivers and Barriers." *Energy Policy* 42: 315–328.

Mizobuchi, Kenichi. 2008. "An Empirical Study on the Rebound Effect Considering Capital Costs." *Energy Economics* 30: 2486–2516.

Moon, Young-Seok, and Yang-Hoon Sonn. 1996. "Productive Energy Consumption and Economic Growth: An Endogenous Grwoth Model and Its Empirical Application." *Resource and Energy Economics* 18: 189–200.

Mukherjee, Kankana. 2008. "Energy Use Efficiency in U.S. Manufacturing: A Nonparametric Analysis." *Energy Economics* 30: 76–96.

Oda, Junichiro, Keigo Akimoto, Fuminori Sano, Miyuki Nagashima, Kenichi Wada, and Toshimasa Tomoda. 2013. "Analysis of CCS Impact on Asian Energy Security." *Energy Procedia* 37: 7565–7572.

Oikonomou, V., A. Flamos, and S. Grafakos. 2010. "Is Blending of Energy and Climate Policy Instruments Always Desirable?" *Energy Policy* 38: 4186–4195.

Patterson, Murray G. 1996. "What Is Energy Efficiency? Concepts, Indicators and Methodological Issues." *Energy Policy* 24: 377–390.

Pedroni, Peter . 1999. "Critical Values for Cointegration Tests in Heterogeneous Panels with Multiple Regressors." *Oxford Bulletin of Economics and Statistics* 61: 653–670.

Pindyck, Robert S. 1979. "Interfuel Substitution and the Industrial Demand for

Energy: An International Comparison." *The Review of Economics and Statistics* 61: 169–179.

Roy, Joyashree. 2000. "The Rebound Effect: Some Empirical Evidence from India." *Energy Policy* 28: 433–438.

Sabine, Fuss, Jana Szolgayová, Nikolay Khabarov, and Michael Obersteiner. 2012. "Renewables and Climate Change Mitigation: Irreversible Energy Investment under Uncertainty and Portfolio Effects." *Energy Policy* 40: 59–68.

Saunders, Harry D. 2000. "Does Predicted Rebound Depend on Distinguishing Between Energy and Energy Services?" *Energy Policy* 28: 497–500.

Saunders, Henry D. 1992. "The Khazzoom-Brookes Postulate and Neoclassical Growth." *Energy Journal* 13: 131–148.

Savas, Ozatalay, Grubaugh Stephenand, and Thomas Veach. 1992. "Energy Substitution and National Energy Policy." *American Economic Review* 69: 369–371.

Schipper, L., Michael Grubb. 2000. "On the Rebound? Feedback between Energy Intensities and Energy Uses in IEA Countries." *Energy Policy* 28: 367–388.

Seitz, W. D. 1971. "Productive Efficiency in the Steam-electric Generating Industry." *Journal of Political Economy* 79: 878–886.

Semboja, H. H. H. 1994. "The Effects of Energy Taxes on the Kenyan Economy: A CGE Analysis." *Energy Economics* 16: 205–215.

Sharma, V. K., M. Mincarini, F. Fortuna, F. Cognini, and G. Cornacchia. 1998. "Disposal of Waste Tyres for Energy Recovery and Safe Environment-Review." *Energy Conversion and Management* 39: 511–528.

Simões, S., J. Cleto, P. Fortes, J. Seixas, and G. Huppes. 2008. "Cost of Energy and Environmental Policy in Portuguese CO_2 Abatement—Scenario Analysis to 2020." *Energy Policy* 36: 3598–3611.

Sinton, Jonathan E., and M. D. Levine. 1994. "Changing Energy Intensity in Chinese Industry: The Relative Importance of Structural Shift and Intensity Change." *Energy Policy* 22: 239–255.

Smil, Vaclav. 1998. "China's Energy and Resource Uses: Continuity and Change." *The China Quarterly* 156: 935–951.

Sovacool, B. K., I.Mukherjee, I. M. Drupady, and A. L. D'Agostino. 2011. "Evaluating Energy Security Performance from 1990 to 2010 for Eighteen

Countries." *Energy* 36: 5846–5853.

Stevenson, Rodney E. 1980. "Likelihood Functions for Generalized Stochastic Frontier Estimation." *Journal of Econometrics* 13: 57–66.

Strachan, Neil. 2011. "UK Energy Policy Ambition and UK Energy Modelling—fit for Purpose?" *Energy Policy* 39: 1037–1040.

Sung, Bongsuk, and Woo-Yong Song. 2013. "Causality Between Public Policies and Exports of Renewable Energy Technologies." *Energy Policy* 55: 95–104.

Tanaka, Kanako. 2011. "Review of Policies and Measures for Energy Efficiency in Industry Sector." *Energy Policy* 39: 6532–6550.

Ugursal, V. Ismet . 2011. "Energy Use and Changing Energy Policies of Trinidad and Tobago." *Energy Policy* 39: 5791–5794.

Unurh, G. C., and W.R Moomaw. 1998. "An Alternative Analysis of Apparent EKC-type Transitions." *Ecological Economics* 25: 221–229.

Vivoda, Vlado. 2009. "Diversification of Oil Import Sources and Energy Security: A Key Strategy or an Elusive Objective?" *Energy Policy* 37: 4615–4623.

Wei, Taoyuan. 2007. "Impact of Energy Efficiency Gains on Output and Energy Use with Cobb-Douglas Production Function." *Energy Policy* 35: 2023–2030.

Wei, Taoyuan. 2010. "A General Equilibrium View of Global Rebound Effects." *Energy Economics* 32: 661–672.

Wei, Yi-Ming, Qiao-Mei Liang, Ying Fan, Norio Okada, and Hsien-Tang Tsai. 2006. "A Scenario Analysis of Energy Requirements and Energy Intensity for China's Rapidly Developing Society in the Year 2020." *Technological Forecasting and Social Change* 4: 405–421.

Weizsacker, E. Von, A. B. Lovins, and L. H. Lovins. 1998. *Factor Four: Doubling Wealth,Halving Resource Use* (London: Earthscan).

Winzer, Christian. 2012. "Conceptualizing Energy Security." *Energy Policy* 46: 36–48.

Wirl, Franz. 1997. *The Economics of Conservation Programs* (Dordrecht: Springer).

Wu, Yanrui. 1995. "The Productive Efficiency of Chinese Iron and Steel Firms—A Stochastic Frontier Analysis." *Resource Policy* 21: 215–222.

Zhang, Xiaoguang, and Siqi Zhang. 2001. "Technical Efficiency in China's Iron and Steel Industry: Evidence from the New Census Data." *International Review of Applied Economics* 15: 199–211.

Zhang, Zhongxiang. 2003. "Why Did the Energy Intensity Fall in China's Industrial Sector in the 1990s?" *Energy Economics* 25: 625–638.

Zhao, Xiaoli, Chunbo Ma, and Dongyue Hong. 2010. "Why Did China's Energy Intensity Increase During 1998–2006: Decomposition and Policy Analysis." *Energy Policy* 38: 1379–1388.

Zheng, Yingmei, Qi Jianhong, and Chen Xiaoliang. 2011. "The Effect of Increasing Exports on Industrial Energy Intensity in China." *Energy Policy* 39: 2688–2698.

图书在版编目（CIP）数据

中国省域能源效率及政策研究 / 史红亮著 . -- 北京：社会科学文献出版社，2021.12

ISBN 978-7-5201-9372-6

Ⅰ. ①中…　Ⅱ. ①史…　Ⅲ. ①省 - 能源效率 - 研究 - 中国②省 - 能源政策 - 研究 - 中国　Ⅳ. ① F426.2

中国版本图书馆 CIP 数据核字（2021）第 225667 号

中国省域能源效率及政策研究

著　　者 / 史红亮

出 版 人 / 王利民
组稿编辑 / 宋月华
责任编辑 / 韩莹莹
文稿编辑 / 陈丽丽
责任印制 / 王京美

出　　版 / 社会科学文献出版社 · 人文分社（010）59367215
地址：北京市北三环中路甲 29 号院华龙大厦　邮编：100029
网址：www.ssap.com.cn
发　　行 / 市场营销中心（010）59367081　59367083
印　　装 / 三河市龙林印务有限公司

规　　格 / 开　本：787mm × 1092mm　1/16
印　张：11.5　字　数：172 千字
版　　次 / 2021 年 12 月第 1 版　2021 年 12 月第 1 次印刷
书　　号 / ISBN 978-7-5201-9372-6
定　　价 / 138.00 元